# 신국부론

" 가상화폐, 나노머신, 메타버스 등 4차 산업 혁명을 거치며
특이점 시대를 맞이하는 현대인의 경제 교양 필독서 "

## AI시대의 경제 공부

# 신국부론

李烗 · 朴權 지음

AN INQUIRY INTO THE NATURE AND CAUSES OF THE WEALTH OF NATIONS
FOR THE 4TH INDUSTRIAL REVOLUTION ERA

생각나눔

# CONTENTS

## 2부 | 기술혁신과 산업혁명

## 3부 | 국부론

# 4부 | 신국부론

# 프롤로그

애덤 스미스의『국부론』이 발간된 1776년은 미국이 독립선언을 선포한 해이고, 우리나라에서는 이조 21대 영조 대왕이 52년 집정을 마치고 승하하신 해이기도 하다. 245년 전이니 두 세기 반의 세월이 흘렀다. 그동안 세 번의 산업혁명이 있었고 21세기에 접어들어 4차 산업혁명이 진행 중이다. 18세기와는 전혀 다른 세상이 되었다. 노동과 자본 중심의 경제가 지식과 첨단기술이 선도하는 산업구조로 개편되었다. 당연히 국부의 원천과 축적과정도 변하게 된 것이다. 이러한 변화를 반영하여 경제학계에서는 1980년대부터 지식경제학이라는 새로운 이론이 태동하여 발전하여 왔으나, 타 분야에서는 아직도 생소한 이론으로서 충분히 이해되었다고 생각되지 않는다. 이것이 필자가『신국부론』을 쓰게 된 동기인데, 필자 나름대로 몇 가지 기준을 세워서 집필하기로 했다.

첫째, 목표가 되는 독자층은 고교생 수준 이상의 지식인들이 쉽고 재미있게 읽을 수 있어야 하고, 둘째, 경제이론이나 전문적인 난해한 설명은 피할 것, 셋째, 경제 분야의 교양서적으로서 고교생, 대학생, 기업에 종사하시는 분, 사업하시는 분, 창업을 꿈꾸시는 분, 정부 공직에 계시는 분, 모두에게 현실적인 도움이 될 수 있는 내용이 되도록 할 것, 등의 기준을 염두에 두면서 집필하였다.

필자는 박근혜 정부와 문재인 정부의 경제정책 기조에 관하여 참고자료를 인터넷 매일경제에 발표한 바 있다. 2014년 3월에 「창조경제 특강」, 2017년 11월에 「J노믹스 특강」을 연재하면서 많은 독자로부터 긍정적인 호응을 얻은 경험이 있다. 이 두 가지 특강자료는 『신국부론』을 엮은 기초자료가 되었다. 여기에 더해서 KDI 연구위원 시절, 산업연구원 원장 재직 시 작업했던 연구자료, 그리고 필자가 2003년부터 경희대학교 경제과에 개설하여 강의한 「기술경제론」과 「문화경제론」에서 수강학생들과 만들었던 학습자료들이 역시 부분적으로 참고자료가 되었다. 이 두 강의는 지식경제학, 과학기술, 문화 인프라, 경제학 고전, 그리고 기업창업의 역사 등이 강의 내용으로 구성되었다.

『신국부론』은 4부로 구성되어 있다.

1부는 21세기 인류 미래에 관한 각 분야 학자들의 베스트셀러 책자들을 요약한 담론들이다. 저자들이 펼쳐내는 내용이 검증된 이론이나 검증되기 전의 가설도 아니므로 담론이 된 것이다. 인용된 논문은 지난 세기에 발표된 것과 최근에 출간된 베스트셀러 책들로서 매스컴에서 많이 노출되었으며, 지식인들 사이에서 회자하고 논쟁거리가 되었던 내용들이다.

2부는 과학기술의 발전과 이와 연계되어 발전되었던 산업혁명에 관한 내용이다. 먼저 중세 말, 근세 초에 일어났던 16세기 르네상스로부터 18세기까지 200여 년간 진행되었던 과학혁명이 간략하게 설명되고 있다. 과학혁명은 특히 인문학 전공 지식인들에게는 좀 생소한 단어이기도 하다. 이어서 과학기술의 발전과 4회에 걸친 산업혁명이 콘트라티에프 사이클과 병행하여 서술되었다. 그리고 주기별로 산업발전을 주도하였던 세계 대기업의 창업 연대기도 간략하게 소개되었다. 마지막 장에서 '인공지능'이 별도로 수록된 것은 4차 산업혁명의 핵심기술로써 특이점 시대를 열어가는 열쇠가 되어서이다. 필자는 'AI 자본'을 신국부론의 생산요소 중 하나로 다룰까 생각도 하였으나, '지식자본'의 범주에 포함된다고 보고, 이 장에서 간략하게 소개하였다.

3부는 애덤 스미스의 『국부론』을 소개하고 있다. 『국부론』의 시대적 배경이 되었던 근세와 계몽주의, 그리고 『도덕감정론』이 검토되었다. 국부론의 주요 내용으로 중상주의와 중농주의, 국부의 원천이 되는 노동과 자본, 토지, 그리고 자유방임주의, 수확체감과 수확체증의 논리 등을 설명하였다. 다음으로, 『국부론』이후 발전되었던 한계이론과 신고전파의 학설사를 간략하게 살펴보았다.

4부 『신국부론』은 지식경제학의 연장선에서 검토되고 있다. 그 내용으로 지식경제의 원형이자, 지식경제학의 태동 배경이 되었던 실리콘밸리 이야기, 폴 로머의 내생적 성장론, 그리고 지식집약적 산업의 기업경영에서 수확체증에 따른 신경영 패러다임이 포함되어 있다. 신국부론 경제의 생산요소로서 지식자본, 인적자본, 사회적 자본이 새롭게 조명되었다. 종래 국부론의 생산요소인 노동, 자본, 토지는 모두 수확체감을 가져오는 유형자산인 데 반하여, 신경제의 생산요소는 모두 수확체증을 가져오는 무형자산으로서, 『신국부론』의 핵심이 된다고 볼 수 있다. 다음으로 신국부론, 신경제의 경제정책 기조 혹은 정책운영 패러다임으로 '인간적 시장경제'와 '지속가능경제'를 제안하였다. 인간적 시장경제는 「J노믹스 특강」에서 소개된 바 있으며, 이미 90년대 중반 UN에서 제안했던 내용이다. 지속가능경제 역시 지난 세기말부터 환경문제와 결부되어 빈번하게 논의되었던 패러다임으로서, 본고에서는 새로운 관점을 추가했다.

4부에서 소개된 '특이점 경제'는 레이 커즈와일이 예견하는 특이점 시대의 경제현상과 특징, 문제점, 해결책 등이 간략하게 정리되었다. 이 책의 여러 부문에서 이미 소개되고 정리된 내용들이지만, 커즈와일의 저서, 『특이점이 온다』에서 논의된 부분이어서 다시 살펴본 것이다. 『신국부론』의 부제로 'AI 시대의 특이점 경제학'을 채택한 이유는 지식경제학을 AI 시대의 주요 경제이론으로 조명하여 소개하기 위함이다.

본서는 많은 분의 도움으로 출간하게 되었다. 주요 내용을 검토하여 수정·보완하여 주신 경희대 박명광 교수, 전동훈 교수, 중앙대 윤봉한 교수, 한양대 최생림 교수, 다비하나 CEO 성운기 박사, 한국산업기술대 백낙기 교수, 인천재능대 양병무 교수, 산업연구원 김종기 연구위원, 이경석 박사, 물심양면으로 도움을 받았던 휴림로벗 CEO 김진우 회장, 프레미어 창투 조준연 이사, 이헌기 변호사, EPS글로벌의 이상미 실장, 구혜진 팀장, 제자 임의빈 사장, 편집 과정에서 수고해주신 아이네트워크 남윤정 연구원, 이황수 조교, 고은비 조교, 이주원 박사, 그리고 아내 성영은에게 많은 감사를 드린다.

2021년 봄, 방배동 석인청장에서

# 21세기
# 인류미래에 관한 담론

# ♦ 신인류 문명의 탄생

러시아 국가경제예측센터의 유리 야코베츠는 1994년 논문에서 21세기 세계경제에 관하여 흥미로운 예측을 발표하였다. 콘트라티에프 제5주기가 끝나는 21세기 후반에는 20세기와는 확연하게 다르고 차이가 나는 새로운 인류의 문화 문명이 전개될 것으로 예측하였다. 이러한 새로운 트렌드를 인간주의적 후기 산업 정보화 사회로 특징 지워 설명하였다. 새로운 인류 문명의 탄생을 예고한 것이다. 이러한 신인류사회는 어떠한 특색을 가지고 있는지 다음과 같이 설명하고 있다.

## 후기 산업사회 기술의 특성

지식 집약도가 높고, 분산화, 환경친화적인 신재생 대체에너지를 사용하여 향후 우리가 상상할 수도 없는 새로운 생산 방식의 산업사회가 예고된다.

과거 냉전 시대 기간에 축적되었던 국방산업 부분의 기술과 자본이 냉전의 종식과정에서 산업 분야와 민간소비재 분야로 확산하여 흘러나오면서 신산업 발전의 계기를 마련해 줄 것으로 본다. 2차 세계대전이 종전되면서 일본이 빠른 속도로 산업화와 경제발전이 가능했던 것처럼 국방산업 분야의 정보와 기술은 신산업사회의 기폭제가 될 수도 있다고 보는 것이다. 그러나 오랫동안 유지되어 왔던 국방산업이 갑작스레 해체된다면 고용과 소득에 쇼크를 줄 수도 있기 때문에 새로운 산업사회에 평화적으로, 그리고 유익하게 적응될 수 있도록 세밀하게, 장기적으로 추진되어야 할 것이다.

점차 천연자원이 고갈되고 환경오염이 늘어나면

서 생태적인 환경위험에 위협받지 않을 수 없다. 자원 절약적이며 리싸이클링 환경기술 개발로 인하여 환경위협이 개선되는 징후도 있으나, 지구온난화로 인한 기후변화는 엄청난 환경위험을 예고하고 있다. 미래의 기술혁신이 다가오는 환경위험을 어느 정도 극복할 수 있을지 미지수이다.

## 경제의 인간화 (Humanization)

경제의 인간화는 네 가지 측면에서 설명될 수 있다. 첫째, 많은 물자와 노동력이 국방과 일반산업 분야에서 소비자를 위한 소비재 상품과 서비스 분야로 이동함으로써 재생산의 인간화가 이루어졌다고 본다. 둘째, 하이텍과 문화의 만남으로 인하여 예술의 르네상스가 시작된다고 보는 것이다. 더구나 VR, AR과 같은 신기술의 접목은 새로운 문화영역을 개척하고 확대하는 효과를 가져오고 있다. 셋째, 바이오와 제약분야의 기술혁신은 인류를 기근과 질병으

로부터 해방시켜 100세 시대를 약속하고 있다. 넷째, 인간이 단순노동의 역할에서 벗어나 지식 기술 집약적 노동의 제공자가 되면서 노동조건과 소득이 비약적으로 개선됨으로써 경제의 인간화가 심화할 것으로 볼 수 있다.


## 교육혁명

지식집약적 과학집약적 산업과 유동적인 생산방식에서 인간의 창의성이 중요시 되면서 이 시대가 요구하는 새로운 인적자원을 공급할 수 있는 교육의 혁명적인 변화가 요구되며 발전되어야 한다. 신인류문화에서 필요한 지식과 기술을 공급할 수 있도록 교육분야의 혁신이 필요하다는 주장이다.

## 경제의 분산화 (decentralization),
## 다양화, 생산의 유동성

    경제의 이와 같은 변화는 산업조직, 시장규제, 재산의 소유와 분배에서 정부의 역할에 많은 변화를 초래할 것으로 본다. 새로운 생산방식에서 대기업보다는 중소형 기업이 주류를 형성할 것이며 정부의 조정과 규제가 더 많은 역할을 할 것이다. 그리고 이러한 변화는 정치적·사회적, 그리고 이데올로기 측면에서 혁명적인 변화가 예상된다. 사회계층, 특히 노동자계층의 분류가 달라질 것이며(예를 들어, 블루칼라 층 소멸), 중산층, 여성, 젊은 세대, 연금생활자 등의 위상이 더 높아질 것으로 예상된다.

# ◆ 제로 경제성장

로마클럽은 1968년 이탈리아의 1BM으로 불리는 사무용품기기 생산회사 올리베티의 CEO 아우렐리오 피체이가 주도하여 유럽과 미국의 과학자, 경제학자, 기업가 등 36명이 인류의 미래에 관한 문제를 논의하고 연구하기 위한 모임으로 결성된 것이다. 현재는 참여폭이 커져 52개국 100여 명의 회원으로 구성되어 있다.

로마클럽의 첫 번째 연구보고서는 『성장의 한계』로서 1972년에 출간되었으며, 이어서 『전환점에 선 인류』, 『세계 질서 재편』, 『인류의 지향점』, 『낭비의 시대를 넘어서』 등 연구보고서를 출간하였다. 최근에는 21세기 연구활동을 위한 '브뤼셀 선언'을 발표하고 인류 미래에 관한 연구를 더욱 활발히 계획하

Aurelio Peccei,
(1908~1984)

고 있다. 여기서는 1972년에 출간된 『성장의 한계』
연구보고서의 주요 내용을 소개하고자 한다.

『성장의 한계』는 미국 MIT 매도우 교수팀에 의뢰
하여 저술되었으며, 37개국 언어로 번역 출간되어
베스트셀러가 되었다. 이 책은 환경경제 분야의 고
전으로 평가받고 있다.

『성장의 한계』는 1972년에 초판이 나오고 1992년
『성장의 한계, 그 이후』, 그리고 2004년에 개정판이
출간되었다. 세 명의 저자 중 도넬라 매도즈는 2001
년 세상을 뜨고, 남은 두 명의 저자는 데니스 매도
즈와 요르겐 렌더스이다.

연구팀들이 인류의 미래경제를 예측하기 위하여

채택한 시스템공학 분석방법은 컴퓨터를 이용하여 거대한 동태 연립방정식을 풀어가며 시행하는 시뮬레이션, 즉 모의실험으로서 우주공학에서 응용되고 있는 분석기법이다. 소련이 스프트니크 2호 유인 우주선을 성공리에 발사하여 우주개발에서 미국을 앞서게 된 이면에는 재미난 사연이 숨어있다.

소련의 수학자 폰트리아진이 동태 연립방정식의 해법, 즉 최대원리(Maximum Principle)를 먼저 찾아내서 우주개발에 앞서게 됐다는 것이다. 동태방정식을 풀지 못하면 우주선을 쏘아 올릴 수 없다는 이야기이다. 미국은 아폴로 계획에 의해 암스트롱 우주인을 달에 먼저 착륙시키는 데 성공하여 우주개발의 기선을 되찾았으며, 그 성공의 이면에는 컴퓨터 기술과 응용기법이 소련을 앞섰기 때문이라고 한다.

이처럼 우수한 시스템 공학기법을 응용하여 인류의 미래를 연구한 보고서가 발표되었으니 큰 반향을 일으키게 되었으며, 더구나 그 연구결과가 쇼킹한 내용을 담고 있어서 엄청난 충격을 안겨주기 충분하였다.

이 연구보고서는 세계 경제성장을 제약하는 다

섯 가지 요소로서 인구증가, 공업생산과 자본재, 식량 생산, 재생 불가능한 자원소비, 그리고 지구의 환경오염을 지적하였다. 즉, 유한한 지구촌 환경 안에서 현재의 성장추세가 지속된다면 인구와 공업생산이 기하급수적으로 증가하고, 환경오염과 식량부족, 그리고 자연자원이 고갈되면서 세계경제는 100년 안에 성장의 한계에 도달하여 제로 성장을 맞게 되며, 별다른 조치가 없는 한 쇠락의 길에 접어들게 된다는 결론을 도출하였다.

로마클럽 보고서의 결론은 1973년과 1979년에 석유파동, 그리고 1975년의 자원파동과 식량파동이 일어나면서 더욱 크게 미래의 불확실성과 위기를 부각시키게 되었다.

지구촌 경제의 파국을 막기 위해서는 인구증가 억제, 경제의 제로 성장 등 인구와 자본의 안정화를 실시하여 균형상태를 조성해야 한다고 결론짓고 있다.

# ◆ 놀라운 도약의 '21세기 신경제'

미국의 시사주간지 『Business Week』는 1998년 8월 24일 자 커버스토리로 〈21세기 경제〉 특집기사를 실었다. 편집진이 미국 경제학자, 경영인, 그리고 과학자들을 면담하고 사계의 전문지식을 종합하고 분석하여 21세기 경제가 어떻게 전개되고 발전할 것인지 방대한 분량의 예측기사를 마련하였다.

결론은 이것이다. "혁신적인 기술과 급속한 세계화가 경제의 신패러다임을 창조한다. 성장률은 높아지고 고성장과 더불어 저인플레, 낮은 실업률이 가능하게 된다. 이 같은 힘은 수십 년간 지속 가능하다는 점에서 전 세계적으로 상상 밖의 번영을 가져올 것이다."

21세기를 특징 짓는 두 가지 키워드는 '세계화'와
'신기술'이다. 이제 이 두 가지 키워드를 중심으로
21세기 미래의 신세계를 살펴보고자 한다.

세계화는 우주항공과 정보통신 분야의 기술혁신,
그리고 WTO 체제 자유무역과 신자유주의 경제정
책 기조가 가져온 지구촌 경제로 설명될 수 있다. 세
계화는 매우 중요한 두 가지 경제적 함축성을 시사
하고 있다. 먼저 세계 각국의 기업이나 경제주체들이
세계화의 일원이 되기 위해서는 '세계적 기준(global
standard)'에 부합되게 행동하고 의사결정이 이루어
져야 한다. 먼저 생산되는 모든 공산품 혹은 상품의
무역이 세계적 기준에 일치되어야 하며, 이와 같은
물리적인 기준을 따르는 데는 별다른 어려움이 없다.
다음으로 중요한 세계적 기준은 공산품 규격이
아닌 사회적인 기준으로서, 예를 들어 기업회계 기
준, 거래 관행, 관료 행정, 사회규범과 질서 등을
말한다. 즉, 세계화의 일원이 되기 위해서는 서로

신뢰할 수 있는 기본 질서와 틀이 마련되어서 정상적인 상거래와 투자가 가능하게 되어야 한다는 것이다. 공중도덕과 예의범절도 세계적 기준에 따라야 한다. 이러한 세계화는 공산품 규격에 따르는 것처럼 쉽고 간단한 일은 아니다.

세계화가 주는 두 번째 의미는 경쟁의 심화라고 볼 수 있다. 이제 기업들은 세계 각국의 기업들과 경쟁하여야 한다. 세계화로 시장은 광대하게 커졌으나 경쟁이 심화하여 기업들이 시장에 진입하거나 시장 점유율을 높이는 전략이 매우 어려워지게 되었다. 그리고 첨단기술 제품의 시장은 승자독식으로 형성되고 있어 전통적인 경쟁시장과는 확연하게 다른 독과점 시장이 되었다.

## 기술혁신

"우리는 평생 1990년대처럼 기술개발이 우리 삶

에 영향을 미치는 경우는 본 적이 없다."

"전 세계는 원시인이 거래를 시작한 이후 처음으로 뿌리까지 흔드는 변화를 겪게 될 것이다."

"우리는 21세기에 접어들어 경제이익을 폭발적으로 증가시킬 기술의 강력한 추진의 초기 단계에 막 들어섰다."

90년대 이후 일어나고 있는 기술혁신에 대하여 전문가들이 평가한 말들이다. 이러한 기술들은 '급진적', '혁명적', '새로운 패러다임'이란 용어들로 치장될 만큼 커다란 변화를 가져올 것으로 예상한다. 따라서 21세기 경제의 고성장은 '검약'이나 '재정흑자'가 아닌 '혁신'에 의존한다고 본다.

가장 혁신적인 기술분야로 극미세기술과 유전공학을 꼽았다.

극미세기술은 센서, 모터, 디지털 지능을 결합한 시스템 (micro-electro-mechanical system: MEMS)이 생명공학, 통신, 컴퓨터, 항공기 분야에 응용되고, 유전공학은 의료, 산업, 환경정화, 농업 부분에서 미래경제의 호황을 가져올 것으로 예측하고 있다.

## 21세기 신경제

　미국은 1960년대 케네디 대통령 임기 시절에 10
여 년간 고도성장과 완전고용을 달성하면서 장기
호황을 누렸으며, 이 시기를 '제1의 황금시대(First
golden age)'로 부르고 있다. 1930년대 경제공황을
무난히 극복하고 정부의 적극적인 재정금융정책에
힘입어 고성장과 완전고용을 이루게 되었으며, 이
시기는 케인스의 경제정책이 성공한 것으로 평가되
기도 한다. 그러나 미국 경제는 1970년대와 80년대
에 걸쳐서 장기불황을 겪게 된다. 70년대에는 1973
년, 1979년 두 해에 걸쳐 오일쇼크가 발생하였고,
1975년에는 자원파동과 식량파동이 겹치면서 공급
부문에서 경제 쇼크가 일어난 것이다.

John Fitzgerald
Kennedy (1917~1963)

　80년대에도 불황과 인플레가 동시에 일어나는 스
태그플레이션(stagflation)으로 미국 기업들의 국제
경쟁력이 하락하고, 고물가, 고실업의 경기침체 악
순환이 장기간 지속하였다. 80년대에는 일본기업
들이 세계시장을 압도하면서 일본이 경제 대국으로
부상하기도 하였다.

Bill Clinton (1946~)

그러다가 1990년대에 접어들어 클린턴 대통령 임기 시절 미국 경제는 '제2의 황금시대'를 맞이하게 된다. 90년대 10년간 미국 경제는 고성장, 저실업, 저물가, 무경기순환으로 특징지어지는 '신경제'를 보여주게 된다. 60년대 호경기에서는 고성장에 고물가가 수반되었으나, 90년대 신경제에서는 단기적인 경기침체와 인플레이션이 발생하지 않고 안정적인 고성장이 장기간 실현되었다. 이러한 현상은 컴퓨터, 정보통신 분야의 기술혁신이 가져온 새로운 경제 트렌드가 되었다.

'신경제'를 가능하게 한 기술혁신이 이제 시작이라고 보면 그 연장선에서 '21세기 신경제'는 앞으로 예상되고 실현될 엄청난 기술혁신의 결과로 '놀라운 도약'을 의미한다고 예측하고 있다. "21세기 경제의 비전은 분명히 낙관적이다." 라고 결론짓고 있다.

# ◆ 무용 계급의 등장

유발 하라리는 전쟁사에 관한 논문으로 옥스퍼드대학에서 박사학위를 받았으며, 현재 이스라엘 히브리대학 역사학부 교수로 재직 중이다.

주요 저서로 『사피엔스』, 『호모데우스』, 『21세기를 위한 21가지 제언』이 있다. 『사피엔스』는 당초 히브리어로 출간되었으며, 50개국어로 번역되어 1,500만 부가 판매된 베스트셀러이다. 다음은 이 세 저서의 내용을 요약하여 정리한 것이다.

지구 행성의 유기생명체 역사는 40억 년이고, 인류의 조상인 호머 사피엔스는 20만 년 전 동부아프리카에서 발원하였다. 호머 사피엔스는 7만 년 전부터 세계 곳곳으로 퍼져나가기 시작하였으며, 인류학자들은 이를 대약진의 시기로 부르고 있다. 대약진을 통해서 호머 사피엔스는 지구상의 주인이자 지배자가 되었다.

호머 사피엔스가 가장 강력한 힘을 가지고 대약진을 가능하게 한 첫 번째 계기를 하라리는 '인지혁명'으로 설명하고 있다. 인류는 지능이 타 동물보다 월등하게 뛰어나서 생활도구, 전투용 기기, 운반기구 등을 만들 수 있어 지구상에서 생태학적 연쇄살인범이 되는 데 성공할 수 있었다. 모든 동식물을 조정 관리하고 있고, 타 인류종을 정복할 수 있었다. 그리고 호머 사피엔스는 다수가 유연하게 협동할 수 있는 유일한 동물이며, 집단 간의 대규모 협동시스템으로 국가, 종교, 정치체제, 법적 제도, 산업망 등을 만들었는데, 하라리는 이를 인지혁명이라 하였다.

사피엔스는 12,000년 전 원시 수렵사회에서 식량을 재배하는 농경사회로 발전하게 된다. 인류 식량의 90%가 이 시기에 재배를 시작하였으며, 윤택해진 식량 사정으로 인구가 폭발적 증가하여 제국이 탄생하게 된다.

교역망이 확대되고 돈, 종교와 같은 '상상의 질서'

가 출현하고 동시에 소수의 특권층이 탄생하게 된
다. 하라리는 이러한 인류 문명의 변화를 '농업혁명'
이라 일컬었다. 농업은 고대와 중세에 걸쳐 주요 산
업으로 인류를 먹여 살린 것이다.

인류를 지구상의 강자로 만들고 호머 사피엔스의
등장을 예고한 계기는 '과학혁명'이다.

약 500년 전 과학혁명이 시작되면서 근세의 문이
열리게 되었으며, 18세기의 산업혁명, 20세기 후반
의 정보통신혁명, 그리고 현재 진행 중인 생명공학
혁명으로 이어지게 되었다. 호머 사피엔스는 종말을
고하고 호머 데우스가 되면서 지구 행성을 지배하
는 인류의 영역을 넘어서 신의 영역으로 들어가게
된 것이다. 과학기술의 발전은 고삐가 풀린 채 질주
하고 있으며, 이를 제어할 장치가 하나도 없다.

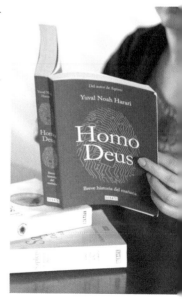

'길가메시 프로젝트'는 인간에게 영원한 생명을
주는 게 목표인 연구이며, 생명공학의 최종목표이
기도 하다. 2005년 EU에서 추진한 '블루브레인 프
로젝트'는 전자회로가 뇌의 신경망을 모방하여 인

간의 뇌를 컴퓨터 안에서 재창조해서 인간과 동일하게 말하고 행동하는 인공두뇌를 만들고자 한다. 비유기물 인간이 탄생하는 것이다. 이 두 프로젝트는 결국 성공할 것으로 본다. 이제 인류는 몇 세기 안에 사라지고 생명공학적 신인류, 영원히 살 수 있는 사이보그로 대체되면서 인간은 스스로 신의 영역으로 들어가는 과정에 있다. 특이점(singurarity)의 시대가 된 것이다. 과학자들은 이 시점을 2050년경으로 예측하고 있다. 호머 사피엔스가 종말을 고하고 특이점의 시대가 되면 인류는 종래에 경험하지 못했던 위기를 맞게 된다. 세계는 더 이상 인간의 욕망과 경험의 중심으로 돌아가지 않으며 데이터 중심의 흐름으로 돌아갈 것이다. 로봇과 인공지능이 작업장에 인간을 밀어내고 거대한 '쓸모없는 무용 계급' 혹은 '무관한 존재'로 만들 것이다.

과학기술의 힘은 인간보다 인간을 더 잘 파악하고 길들이고 조종할 수 있을 것이다.

부지불식간에 나는 세상에서 무용 무관한 다수의 대중으로 전락할 것인가? 아니면 운 좋게 기술적 이점에 편승한 슈퍼인간이 될 것인가? 여기서 발생하는 이례적 충돌과 혼돈, 파국의 위험은 누가 책임을 지고 잘 해결할 수 있는가? 생명공학 기술발전의 혜택이 모든 사람에게 공평하게 돌아갈까? 아니면 전례 없는 생물학적 빈부 격차를 빚어낼 것인가? 호모 데우스는 힘을 얻고 의미를 잃었다고 볼 수 있다.

특이점 시대 인류가 맞게 될 위기를 하라리는 다음과 같이 세 가지로 꼽고 있다.

– 기술적 혁신이 불러올 항구적 파괴력 변화
– 생명공학기술이 초래할 수 있는 인류의 생물학적 분화
– 무한 개발이 초래할 생태학적인 파괴

이러한 위기는 구체적으로 일자리, 자유주의 실추, 디지털 전체주의 부상, 데이터 소유와 기술 혜택에 따른 불평등, 정체성 문제, 민족주의와 종교적 자본주의의 부상 등이 포함된다.

하라리는 다음과 같이 질문한다.

"호머 사피엔스가 자신이 만든 세계를 이해할 능력이 있는가? 현실과 허구를 구분할 분명한 경계가 있는가?"

"호머 사피엔스에게는 여유가 없다. 철학과 종교, 과학, 모두 시간이 다 되어간다…. 인공지능과 생명기술이 인간에게 생명을 개조하고 설계할 힘을 건넬 것이다…. 누군가 이 힘을 어떻게 쓸지 결정해야 할 것이다."

앞으로 30년간에 벌어질 인간의 의사결정이 21세기 인류의 미래를 만들어 낼 것으로 본다. 근본적으로 "미래는 어떤 세상이 될 것인가?"보다 "인류가 원하는 미래는 어떤 세상인지?"를 고민하면서 끝을 맺고 있다.

# ◆ 인류의 실존적 위험

2014년 영국 옥스퍼드대학에서 발간된 『슈퍼인텔리전스』의 저자 닉 보스트롬은 1973년 스웨덴 출생으로 영국학사원에서 박사과정을 마쳤으며, 현재 옥스퍼드대학의 철학과 교수와 스탠퍼드대학교 전략적 인공지능 연구센터 대표직도 맡고 있다. 보스트롬은 분석철학, 물리학, 신경과학, 수리논리학 등 다양한 학문 분야 배경을 가지고 있으며, 『인류적 편견』, 『지구 재난위험』 등의 저서가 출간되었다. 다음은 『슈퍼인텔리전스』의 주요 내용을 간추려 정리한 것이다.

인류의 멸종을 가져올 수 있는 세 가지 위험은 첫째, 복수의 과학기술에서 예상되는 시나리오와

둘째, 자연재해가 멸종을 야기하는 경우, 그리고 셋째, 인간 자신이 분쟁이나 전쟁으로 자멸하는 경우로 나눌 수 있으며, 『슈퍼인텔리전스』는 첫 번째 경우, 즉 인공지능 기술이 인류의 지능을 능가할 경우 예상되는 존재적 재앙이나 실존적 위험에 관하여 기술하고 있다. 앞에서 살펴본 유발 하라리의 '하찮은 인간'이나 '무용 인간'은 인류문화의 쇠락 혹은 변형을 예고하고 있는 반면, 보스트롬은 인류 멸종이라는 존재적 위험을 염려하고 있다. 향후 과학기술의 발전이 인간의 지능보다 우수한 기계 즉 초지능−슈퍼인텔리전스를 만들게 된다면 이는 엄청난, 매우 강력한 영향을 미치는, 인류의 운명을 좌우하는 힘을 갖게 될 것으로 예상하고 있다.

보스트롬은 초지능으로 인해서 야기될 수 있는 문제와 대처방안을 다루고 있다. 초지능에 다다를 시기, 즉 특이점 초지능에 이르는 경로와 변화의 시기, 지능 대확산과 초지능의 형태와 능력, 초지능 에이전트가 취할 수 있는 전략, 그리고 변화 이후 실존적 위협에 대처하기 위한 통제방안 등을 제시하고 있다. 여기서 '지능 대확산'이란 인간의 지적 수준을 능가하는 기계 지능이 만들어지면 사람이 만드는 기계 지능보다 훨씬 뛰어난 기계 지능을 고안할 수 있게 되어 빠른 속도로 발전하면서 초지능이 확산하는 과정을 설명한 것으로서, 인간의 지적 수준과 능력은 초지능보다 뒤처지게 될 것이다. 이렇게 되면 지능 대확산이 인류에게 존재적 위험이 될 수도 있다는 것이다.

인공지능의 원조인 컴퓨터는 1940년에 개발되어 인간이 풀 수 없는 연산능력을 갖추고 우주개발을 실현할 수 있게 만들었다. 현대적인 인공지능에 관한 연구는 1950년 미국 다트머스대학교에서 열린 '신경망, 자동기계이론, 그리고 지능에 관한 워크숍'이 최초라고 한다. 그 이후 보스트롬의 표현에 따르면 '기대와 절망의 시간들'을 거쳐서 현시점에서 볼 때 인공지능은 이미 많은 분야에서 인간의 지능을 앞지르고 있다. 게임 분야에서 체스, 브릿지, 포커, 바둑, 장기에서 인공지능은 인간 두뇌를 확실하게 앞질렀다. 번역, 보청기, 내비게이션 프로그램, 유방암 진단, 심전도 해석, 안면 인식 프로그램, 수학적

정리, 지능형 계획관리, 인터넷 검색엔진, 그리고 세계 금융시장에서도 광범위하게 기계 지능이 일을 하고 있다.

그렇다면 인간 수준의 일을 할 수 있는 기계 두뇌는 언제쯤 개발될 수 있을까? 최근 전문가들의 여론조사 결과를 보면 2040년 50%, 2075년 90%로 응답하였다. 그리고 초지능에 이르는 시점은 기계 두뇌 개발 이후 30년 이내가 75%로 응답하였다. 21세기 막바지에 초지능 시대가 도래한다는 예측이다.


초지능은 '모든 관심영역에서 인간의 인지능력을 상회하는 지능'이라고 정의하였다. 즉, 인간보다 우수한 지능체를 말한다. 초지능에 도달하는 기술적 경로는 여러 가지가 있으며, 이렇게 다양한 방식이 있다는 것은 초지능의 성공 가능성이 높다는 것을 예시한다고 본다.

기계 기반 지능의 잠재력이 생물체 기반 잠재력보다 크기 때문에 기계 지능은 압도적인 우위를 차지할 수 있는 본질적인 장점이 있어서 생물체인 인간이 기계에 뒤처질 수밖에 없다고 한다. 초지능에 대하여 인간들은 인간의 능력을 얼마나 뛰어넘을지 과소평가할 수도 있다.

그러나 인공지능의 능력은 강력해서 인간과의 차이는 인간과 동물들의 차이와 비유할 수 있다. 초지능의 능력에 관련되는 과제는 지능 증폭, 전략 수립, 사회적 조정, 해킹, 공학기술 연구, 그리고 경제적 생산력이 관련된 것으로, 과제별로 상응하는 기술, 그리고 전략적 관련성에 관하여 설명하고 있다.


과연 초지능은 세계를 제패할 수 있을 것인가?

보스트롬은 임계지점 전 단계, 순환적 자기 개선, 잠복하는 계획 기간, 그리고 표면화된 실행 기간으로 설명되는 네 단계를 거쳐서 '습격'이 일어날 가능성을 제시하고 있다. 여기서 습격이란 기계 지능이 인간이 대응할 수 있는 자동화된 시스템을 제거하고 세계를 제패하여 인간의 종말이 일어날 수도 있다는 것이다. 즉, 초지능은 지구 생명체의 미래를 좌우할 수 있고, 인간의 기존 가치관과 다른 목표를 지향할 수도 있으며, 우주자원 대부분을 유용하여 초지능의 활동 결과가 인류의 '신속한 멸종'으로 귀결될 수 있다고 본다.

이러한 비극적인 결말은 인공지능이 강해지면 예고 없이 힘을 행사해서 독점적 지배체제를 형성하는 '위험한 전환'이 이루어지게 된다고 본다.

초지능이 초래할 인류의 존재적 위협에 대하여 대책을 모색해야 한다. 재앙을 피하거나 줄이기 위한 통제문제이다. 보스트롬은 초지능의 도전에 대처하기 위하여 "우리의 인성, 즉 우리의 근본, 상식, 그리고 푸근한 품위 같은 성향에 어느 정도 의지하면서 이 해결책의 단추를 담고 있는 모든 인적자원을 총동원 해야 한다."라고 말하고 있다.

# ◆ 특이점주의자

레이 커즈와일은 MIT 출신 과학자로서 유럽에서 박해를 피해 미국에 이민 온 유대인 부모를 두었다. 광학문자 인식기, 음성 인식기, 문서 판독기, 영창 신시사이저 등을 발명하였으며, '미국을 만든 혁신가' 16인 중 한 사람으로 지목되기도 하였다. 2013년 구글에 입사하여 현재 기술부 이사로 근무하고 있다. 커즈와일은 『지적 기계의 시대(1989년)』, 『영적 기계의 시대(1998년)』, 『특이점이 온다(2005년)』 등의 저서가 있으며, 여기서 소개할 『특이점이 온다』는 미국 아마존 과학 분야 도서 중에서 판매량 1위를 기록한 베스트셀러이다. 특이점주의자(singularitarians)란 커즈와일이 만들어 낸 단어로서, 특이점의 존재를 믿고 특이점이 도래할

Raymond Ray Kurzweil
(1948~)

시대에 대비하여 준비하고 사고를 전환하는 사람을 일컫는 말이다. 즉, 특이점 시대에 적응하여 새로운 인류 문화 문명을 향유하면서 행복하게 살아가는 미래의 인간상이라고 볼 수 있다. 이 장에서는 『특이점이 온다』의 주요 내용을 간추려서 설명하고 있으며, 먼저 특이점에 대하여 살펴보기로 한다.

특이점은 싱큐래리티(singularity)의 번역어로서, 영어사전에는 싱규래리티를 특이, 희유, 차이, 괴상으로 설명하고 있다.

싱귤러(singular)는 플루럴(plural)의 반대어로서 단수를 말한다. 수학에서 싱귤래리티는 분수의 분모가 0일 때 발생하는 무한대(∞)를 일컬으며, 물리학에서는 천지창조가 실현되는 '빅뱅'으로 우주에 나타난 블랙홀의 중심부로서, 무한의 밀도를 가지고 있어서 빛도 통과할 수 없는 공간에서 특이점이 형성된다고 한다. 우주의 공간과는 다른 공간이 되는 것이다. 특이점을 처음 소개한 사람은 1950년대 미국 프린스턴대학 수학교수인 존 폰 노이만이라고 한다. 노이만은 기술의 가속적인 발전으로 지금까

지 전해오는 인간사와는 전혀 다른 세상이 실현되는 특이점이 발생할 것으로 예언하였다.

커즈와일은 노이만의 이러한 사고와 예언에서 영감을 얻은 것으로 보인다.

커즈와일은 특이점을 "미래에 기술변화의 속도가 매우 빨라지고 그 영향이 매우 깊어서 인간의 생활이 되돌릴 수 없도록 변화되는 시기"로 정의하였다. 그리고 "온갖 개념들에 변화가 일어날 것이다. 죽음도 예외가 아니다. 이러한 특이점을 이해하고, 그것이 자신의 삶에 미치는 영향을 고려하는 사람을 특이점주의자라고 부를 것이다."

John von Neumann
(1903~1957)

커즈와일은 인류 최초의 '특이점주의자'로 볼 수 있다.

1989년에 출간된 『지적 기계의 시대』에서 21세기 전반에 인간지능과 유사한 수준의 기계 지능이 등장할 것으로 예측하였으며, 그 시기를 2045년 내외로 보았다. 1998년에 출간된 『영적 기계의 시대』에서는 인간이 만들어낼 비생물학 지능과 인간의 생물학적인 지능이 융합하여 인간 뇌의 한계를 초월하여 인간의 난제를 극복하고, 창조성을 무한하게 확대해서 지능은 지구로부터 우주까지 뻗어 나갈 것으로 예측하였다.

특이점이 되는 2045년대 이후가 되면 인간이 난치병을 극복하고 노화와 죽음을 피할 수도 있다는 낙관론에 근거해 커즈와일은 몸소 특이점까지 생존하기 위하여 치밀하게 생활을 설계하는 특이점주의자의 면모를 보여주고 있다. 그는 연간 11억 원 예산을 투입해서 매일 100~200개 영양제를 먹고, 주치의와 철저한 건강관리를 수행하면서 특이점 시대를 준비하고 있다. 실제 나이가 70대인 그의 신체나이는 40대라고 하니 최초 특이점주의자의 특이점 진입이 성공하길 바랄 뿐이다.

커즈와일은 특이점의 도래에 관하여 네 가지 이론과 접근방법을 이용하여 설명하고 있다. 즉, 기술진화이론과 수확 가속의 법칙, 인간 뇌 수준의 연산용량 만들기, 인간지능 수준의 소프트웨어 만들기, 그리고 유전학, 나노기술, 로봇공학 분야에서 일어날 기술혁신으로 구성되어 있다.

기술진화 이론은 가속적이며 기술진화의 산물인 수확 역시 급하급수적으로 증가한다는 이론으로,

특이점은 가속적인 기능 진화와 수확 가속의 필연적인 결과물이라고 한다.

1970년 중반 인텔의 CEO였던 고든 무어는 '무어의 법칙'을 발표하였다. 즉, 반도체 칩의 집적밀도가 2년마다 2배가 된다고 예측한 것이다. 그러나 증가 속도는 이보다도 더 빨라져서 지금은 1년마다 배가 되고 있으며, 단위 가격당 칩의 처리능력과 전체 생산되는 칩의 개수도 기하급수적으로 증가하고 있다. 또 다른 예로서, 컴퓨터의 연산속도 처리단위(MIPS)를 보면 처음 천 불로 1MIPS를 달성하는 데 90년이 걸렸으나, 현재에는 천 불당 1MIPS를 추가하는 데 5시간이 걸린다고 한다. 이러한 가속적인 기술진화와 수확 가속 현상은 DNA 염기서열 분석, 메모리, 통신, 인터넷, 소형화와 같은 모든 첨단기술 분야에서 다양하게 발생하고 있다.

Gordon Earle Moore
(1929~)

인간의 뇌 전체 성능은 초당 연산 수(calculation per second: cps)로 표시해서 $10^{16}$cps, 즉 초당 10조 회에 달하는 연산을 할 수 있다고 한다.

그런데 1BM의 블루진/L 슈퍼컴퓨터는 초당 360조 회의 연산($3.6 \times 10^{14}$cps)을 할 수 있으며 2025

년경에는 기억용량 $10^{13}$비트 PC의 연산능력이 $10^{16}$cps에 도달한다고 한다. 그것도 천 달러 예산으로 인간 뇌 용량에 버금하는 하드웨어를 만들 수 있다는 것이다. 그리고 나노튜브, DNA 연산, 양자 연산 기술들이 합쳐져 분자 연산이 이루어지면 인간 뇌를 훨씬 능가하는 성능의 하드웨어를 만들 수 있다고 본다.

그리하여 2045년 특이점의 시기가 되면 천 달러 예산으로 $10^{26}$cps를 연산할 수 있게 되어 엄청난 변화의 시기를 맞게 될 것으로 예측한다. 비생물학적 지능이 세상을 지배하는 시대를 맞게 되는 것이다.

특이점이 도래하기 위해서는 속도, 정확성, 기억 공유 면에서 인간지능을 앞서는 컴퓨터에 인간의 인지능력, 사고, 감정과 같은 인간 사고 전반을 관장하는 소프트웨어를 결합시킬 수 있어야 한다. 이러한 소프트웨어는 뇌의 역분석, 즉 생물학적 분석을 통하여 인간 뇌의 모델을 만들고 영역별로 시뮬레이션 실험을 수행해 가면서 가속적으로 발전하고 있다. 인간지능에 버금하는 연산능력과 기억능력을 갖춘 하드웨어와 인간의 인지능력을 갖춘 소프트웨어가 결합할 때 비로소 특이점의 실현이 가능하게 된다고 본다.

신경과학 분야에서 뇌가 어떻게 작동하고 있는지 많은 연구가 진행되었고 많은 성과를 이루었다. 예를 들어, 소뇌의 배선형태가 밝혀지고 소뇌 모델을 만들어 시뮬레이션하는 실험이 이루어졌으며, 뇌의 역분석을 통해서 청각처리 경로가 발견되었다.

더 놀라운 것도 인간 뇌의 고차원적 기능인 모방, 예측, 감정을 관장하는 방추세포의 구조가 밝혀짐으로써 감정지능의 모방이 가능해진 것이다. 이렇게 되면 인간 수준의 지능을 갖춘 컴퓨터는 인간을 뛰어넘고 인간의 지능을 한없이 확장하게 된다. 인간과 기계가 결합한 초능력의 사이보그가 탄생할 수도 있다. 그 시점이 되면 인공지능과 인간 사이의 구별도 없어지게 될 것이다. 결국, 특이점주의자들이 미래 인류사회의 주인공이 되고 리더가 되어 새로운 인류문화를 만들어 갈 것으로 예상하고 있다.

21세기 전반부에 인공지능의 가속적인 발전과 함

께 유전학(Genetics), 나노기술(Nano technology), 그리고 로봇공학(Robotics) 분야의 기술혁명 역시 가속적으로 발전, 진화하면서 특이점 시대의 실현에 기여할 수 있는 것으로 본다.

유전학 혁명은 생명에 관한 정보를 생물학과 접합시켜 인간의 잠재력을 넓히고 질병을 극복하여 수명을 연장하거나 영생을 얻을 수 있는 기술혁신을 추구한다.

질병 극복과 수명연장은 장기 배양과 치료용 복제, 유전자 칩을 이용한 유전자 치료, 성인의 유전자를 변화시키는 체세포 치료, 그리고 심장병, 뇌졸중, 암, 당뇨병 등 퇴행성 질환과 노화에 관해서는 근본 구조를 거의 파악하여 완치되는 시점이 멀지 않았다고 한다. 그리고 복제기술을 이용해서 싼값으로 구매할 수 있는 동물 단백질이나 기타 단백질원을 생산함으로써 세계 식량문제를 근본적으로 해결할 수 있게 될 것이다.

나노기술이란 100나노미터 이하의 물체를 다루는 기술이다. 1나노미터는 10억 분의 1미터이며 머

리카락 두께의 약 1만분의 1에 해당하는 크기를 말한다. 따라서 나노기술은 물리 세계를 분자나 원자 수준의 세계로 재설계하고 재조립할 수 있는 세계를 말한다. 이렇게 되면 정보와 물리 세계의 접점이 가능하게 된다. 예를 들면, 나노 컴퓨터와 나노 로봇이 있다면 우리 세포핵 속의 유전자 정보를 나노기술로 만든 물질로 대체할 수 있다고 한다. DNA를 교체하여 유전자를 재편할 수 있으면 노화를 방지하고 생물학적 병원체인 바이러스나 암세포를 물리칠 수 있게 된다고 한다. 나노기술을 가지고 생명의 나노 컴퓨터를 만들 수 있다면 생물학의 본질적인 한계를 뛰어넘어 신의 영역에 이를 수 있다는 얘기이다.

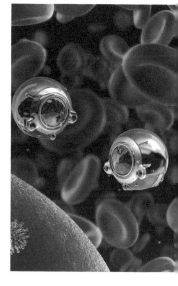

나노기술은 에너지 분야에서 특이점을 뒷받침하는 역할을 할 수 있게 된다. 나노기술은 기존 에너지원의 80% 이상 점유하고 있는 화석연료도 상당 부분 공해를 줄이며 효율적으로 사용할 수 있도록 하겠지만, 재생가능 에너지, 즉 태양열, 풍력, 지열과 같은 크린에너지원이 전 세계 에너지 수요의 대

부분을 공급하여 줄 것으로 예상된다. 2030년경에는 전 세계 에너지 수요가 현재 수준의 약 2배가 될 것으로 예측되는데, 가속적인 기술진화 속도를 고려하면 에너지 공급은 원활할 것이며 에너지 공급원의 주종은 크린에너지인 대체에너지가 될 것으로 예상한다.

나노 에너지 기술 중에서 가장 유망한 것은 태양에너지 분야이다. 지구에 도달하는 태양 에너지양은 $10^{17}$와트이며, 현재 인류가 쓰는 에너지 총량은 $10^{13}$와트이고, 2030년이 되면 에너지 총 수요량은 약 $3 \times 10^{13}$와트로 예측되는데, 이는 지구에 도달하는 태양에너지의 만분의 삼에 해당하는 양이다.

현재 태양열 발전 비용은 와트당 약 3달러 수준이지만, 나노 솔라사의 CEO인 마틴 로쉬하이샌은 향후 와트당 50센트까지 낮출 수 있다고 한다. 이 수준은 천연가스보다 낮은 비용이다. 이렇게 되면 태양열이 주 에너지 공급원으로 자리하게 될 것이다.

그리고 사람 몸에 주입되어 지능 강화와 의약 활동을 하는 나노 로봇이 있는 것처럼 자연계에서 에너지를 생산하거나 환경공해를 제거하는 나노 로봇이 무수히 가동될 수 있다고 한다.

　나노기술은 환경문제의 해결에도 크게 기여할 것으로 예측하고 있다. 독성물질 처리, 수질 정화, 핵 폐기물 관리 등 다양한 분야에서 환경오염 문제의 해결을 위한 연구가 진행되고 있으며, 특이점 시대에는 현존하는 환경문제 대부분이 해결될 것으로 본다. 초지능과 결합한 나노기술은 인류의 질병, 가난, 환경파괴, 기타 모든 어려움을 극복할 수 있을 것이다.


　커즈와일은 인공지능을 '좁은 AI'와 '강한 AI'로 구분하여 설명하고 있다. 좁은 AI는 인간 수준과 유사하게 혹은 조금 더 우수하게 수행할 수 있는 인공지능을 뜻하며, 이미 많은 분야에서 개발되어 응용되었다. 예를 들어 체스, 바둑, 등 게임 분야, 우주탐사, 분리 언어 인식, 로봇공학, 의학, 기업, 금융, 제조업 등 각 분야에서 사람과 비등하거나 더 우수한 능력을 보여주었다. 2030년경에는 인간의 두뇌 즉 연산능력 $10^9$cps와 저장능력 $10^{18}$비트 정도의 기본 연산자원을 장착한 컴퓨터를 천 불 정도에 살 수 있게 된다고 예측한다.

특이점을 뒷받침하는 로봇공학은 강한 AI 즉 인간지능을 뛰어넘는 인공지능을 말하고 있다. 강한 AI 하나가 개발되면 뒤이어 수많은 강한 AI로 진화하면서 초지능이 빠르게 퍼질 것으로 보며, 이 지능은 우주에서 가장 강력한 힘이 될 것이다. 인공지능은 쉽고 빠르게 연산, 기억, 통신 지원을 공유할 수 있으며, 인간의 많은 정보와 지식을 정확하게 기억하고 이해하고 통합할 수 있게 된다. 따라서 강한 AI는 최고의 기술을 언제나 최고의 수준으로 수행하고 빠르게 진화하여 더 강력한 인공지능을 만들 수 있게 된다. 강한 인공지능은 2045년쯤에 달성할 것으로 예측하고 있다.

우리 인류는 현재 버전 1.0 육체라고 하면 GNR 기술혁신들이 가져올 새로운 인간상은 버전 2.0으로 바뀌게 된다. 버전 2.0 인간은 나노 로봇 수십억 개가 혈액에 흐르면서 병원체를 죽이고 DNA 오류를 수정하고 독소를 제거하면서 인간은 건강하게 늙지 않고 죽지도 않을 것이다. 인간의 생물학적 지능과 비생물학적 인공지능이 융합하여 인간의 지능은 초지능이 되어 무한히 진화하게 된다.

2030년쯤에는 인간의 몸에서 생물학적인 부분보다 비생물학적인 부분이 많게 되며, 2040년경이 되면 비생물학적 지능이 생물학적 지능보다 수십억 배 뛰어날 것이다. 이때에 버전 3.0 인간, 즉 인간의 신체를 총체적으로 개량할 수 있게 되면서 사이보그 인간이 탄생하게 된다. 비생물학적인 지능을 통한 사고활동이 주류를 이루면서 인간의 사고 방법과 구조가 바뀌게 된다.

인간은 죽음에 연연하지 않아도 된다. 삶이 무엇인지, 행복이 무엇인지, 버전 3.0 인간의 세계는 미지수이지만 인류가 추구하는 가치, 인류가 희망하는 미래로 나아가야 할 것이다.

# ◆ 악의 번영

        희곡 제목과 같은 『악의 번영』
은 프랑스 경제학자 다니엘 코엔이 2009년 발간한
책의 제목이다. 다니엘 코엔은 파리 1대학, 파리 고
등사범학교, 파리 경제대학교의 경제학 교수로 재
직 중이며, 『호모 이코노미쿠스』, 『세계화와 그 적
들』 등 저서를 출간하였다. 코엔은 아날로그 감성
으로 미래의 불확실성을 염려하면서 '경제성장이
인류의 행복을 가져오는지?'라는 근본적인 질문을
던지고 있다. 아래 내용은 코엔의 저서 『악의 번영』
을 요약하여 시사점을 엮어 본 것이다.

〈표 1-1〉 인류 고난의 역사

| 중세 | 근세 | 현대 |
|---|---|---|
| 로마제국의 멸망(476) | 30년 전쟁(1618~1648) | 1차 세계대전(1914) |
| 이슬람 스페인 점령 | 유럽 대기근(1628, 1646, | 2차 세계대전(1939) |
| (711~1492) | 1693) | 한국 6·25전쟁(1945) |
| 십자군 전쟁(1095~1290) | 유럽 대불황(1873~1897) | 경제대공황(1929) |
| 백년전쟁(1337~1453) | 아편전쟁(1839) | 9·11 테러(2001) |
| 유럽 페스트(1347)-유럽 | 나폴레옹 전쟁 | 스페인 독감(1918)-5천만 |
| 인구 1/3 | (1803~1815) | 명 사망 |
| 약 3천만 명 사망 | 미국 남북전쟁(1861) | 홍콩 독감(1968)-100만 |
| | 스페인전쟁(1898) | 명 사망 |
| | 프로이센 프랑스전쟁 | 사스(2002) |
| | (1870) | 메르스(2015) |
| | | 코로나19(2020) |

　모든 면에서 중국보다 뒤처져 있었던 유럽은 12
세기에서 18세기에 이르는 동안 발전과 번영을 이
루어 세계경제를 지배할 수 있었다. 표〈1-1〉에서 보
듯이 숱한 전쟁과 기아 그리고 전염병을 거쳐 가면
서 맬서스법칙이 예고하는 불행을 겪고 또 극복하
면서도 6세기 동안 발전하여 세계경제의 패권을 가
지게 된 것은 여러 국가들이 경쟁적인 환경 안에서
성장한 데 기인한 것으로 본다.

　1492년 콜럼버스가 아메리카 항해에 성공하고
포르투갈의 바스쿠 다가마가 1497년 유럽과 인도

간의 항로를 개척하는 데 성공하면서 16세기까지
100여 년간 대항해시대가 열리게 된다. 포르투갈,
스페인에 뒤이어 네덜란드, 영국, 프랑스가 뛰어들
었다. 대항해시대는 유럽국가들의 해외교역과 식민
지 찬탈로 이어졌고 막대한 부를 안겨주게 되었다.

이 시대에 축적된 부와 기술은 근세의 문을 열게
된 과학혁명과 산업혁명의 밑거름이 되었다. 18세기
에 이르러 세계경제의 선봉에 서게 된 유럽, 그렇다
면 유럽인들은 얼마나 행복해졌는가? 로마 시대 노
예의 생활 수준이 17세기 프랑스 랑그도크 지방의

농민과 19세기 초엽 대기업의 노동자의 생활 수준과 크게 다르지 않았다고 한다. 17세기 프랑스 절대왕정 시대 평민층의 삶이 호주나 아마존 원주민들의 수준과 동일했다고 한다. 그러나 문제는 여기서 끝나는 게 아니었다. 세계 부의 중심이었던 유럽의 번영은 세계대전이라는 '집단적 살육'으로 귀결되고 말았다. 1차대전(1914~18)에서 1천900만 명 이상이, 2차대전(1939~45)에 7천3백만 명 이상이 사망하였다. 6세기 동안 이룩했던 유럽의 영광이 '악의 번영'이 된 것이다.

코엔은 인류의 역사상 유일하게 끝까지 가 본 유럽의 역사에 비추어 보면서 미국, 브릭스, 아시아 신흥공업국 등이 주도하는 현 세계경제의 미래를 염려하고 있다. 악의 원천은 과거와 같이 전쟁이 될 수도 있고, 생태계의 파괴, 사이버 폭력, 소득 격차에서 발생할 수 있는 사회갈등, 그리고 인공지능 시대에 발생할 수 있는 예측할 수 없는 불확실성 등이 지적될 수 있다. 인간수명의 연장도 큰 충격이 될 수도 있다고 본다. 특히, 디지털시대에 예상되는 기술격차는 소득 불평등을 심화하는 것으로 보며 격차문제는 과학기술이 만들어낸 비극이라고 한다. 레이 커즈와일의 예측과는 달리 생태계 환경문제는 극복하기 힘든 과제로 비관적으로 보고 있다. 미래에 펼쳐질 기술진화와 경제적 번영이 인류의 행복을 보장할 것이라는 낙관론을 경계하고 있는 것이다.

코엔이 지적하는 '악'의 또 하나 요소는 사람들의 지칠 줄 모르는 탐욕으로써 낭비적인 소비 욕구를 지적하고 있다. 소득의 불평등은 2000년대에 들어와서 크게 증가하였으나, 소비의 불평등은 전혀 변화가 없다고 한다.

인간의 욕망은 제자리에서 자전거 바퀴를 돌리듯 끝이 없이 계속 출발점에 머물며 굴러간다. 그러니 경제성장이 가져오는 번영은 인류의 행복을 담보할 수 없다는 이야기다. 새로운 문명이 열리는 미래가 다가오는데 '악의 번영'이 아닌 '행복의 번영'이 되기에는 불확실성이 너무 커서 인류의 미래상을 낙관할 수 없다는 조심스러운 견해를 밝히고 있다.

# ◆ 100세 인생의 변형자산

여기서 요약하여 소개한 『100세 인생』은 린다 그래튼과 앤드루 스콧이 2016년 펴낸 베스트셀러이다. 작가 린다 그래튼은 런던 경영대학원 교수로서 대학에서 심리학을 전공하였으며, 브리티시 에어라인, PA컨설팅그룹 컨설턴트 등 다양한 경력을 가지고 있다. 앤드루 스콧 역시 런던 경영대학원 경제학 교수로서 영국 정부와 중앙은행의 경제자문역을 역임하였다.

『100세 인생』은 100세를 우리가 기대할 수 있는 최소한의 수명이 되는 미래에, 장수가 저주가 아닌 축복이 되는 묘책을 창의적으로 섬세하게 엮어내고 있다. 인간의 기대수명은 1840년 이후 10년 주기로

2~3년 증가했다고 한다. 미국, 유럽 등 선진국의 인구통계에 의하면 2007년에 태어난 아이의 50%가 104세까지 살 수 있으며, 2017년에 태어난 아이의 50%는 106세까지 살 수 있다고 한다. 거슬러 올라가서 1997년에 태어난 아이는 50%가 101세까지 살 수 있으니까 사회활동을 시작하는 나이를 25세로 본다면 1997년생이 일을 시작하는 2022년부터는 100세 시대가 시작된다고 볼 수 있다.

머지않아 시작되는 100세 시대에 나의 정체성? 내가 당면하는 위험? 주어진 시간의 구성? 그리고 내가 할 수 있는 선택은 무엇일까?

지금까지 우리의 삶은 3단계로 구분된다. 첫 번째 단계는 교육, 두 번째 단계는 취업, 세 번째 단계는 퇴직이다. 이와 같은 3단계 인생에서 100세 시대 인생은 축복이 아닌 저주가 된다. 부자의 경우는 다르겠지만, 대부분의 연금 생활자나 저소득층이 40~50년을 일 없이 어렵게 살아간다면 구도자도 아닌 평범한 보통 사람의 일상은 힘들 수밖에 없다. 이에 대한 작가들의 처방은 간단하다. 3단계 삶을 벗어나 다단계 삶을 사는 것이다. 다시 말하면, 3단계의 퇴직을 5단계나 6단계로 미루라는 말이다. 퇴직 후 40~50년 다시 취업하거나 자기 일을 개발하여 남은 삶을 재구성하라는, 어찌 보면 평범하고 상식적인 충고다. 린다 그래튼은 삶의 재구성을 위해서 필요하다는 '변형자산'이라는 창의적인 덕목을 제안하였다.

3단계를 사는 인생이 성공적인 삶을 살아가기 위해서는, 돈도 잘 벌고 여러 면에서 행복하기 위해서는 두 가지 무형자산이 필요하다. 첫 번째 무형자산은 기술과 지식, 아이디어, 혁신, 창조, 기업가 정신 등 '생산자산'이다. 두 번째 무형자산은 정신적 육체적인 건강, 균형 잡힌 생활, 인간관계 등의 '활력자산'이다. 생산자산과 활력자산이 충만하다면 3단계 인생은 성공적인 삶이 가능하다. 그러나 100세 인생, 다단계 삶의 인생이 성공적으로 축복받은 여생이 되기 위해서는 새로운 '변형자산'이 필요하다. 변형자산이란 다단계 삶에서 "과도기의 성공 가능성을 높이고 변화에 따른 불확실성이나 비용을 줄여주는 능력과 동기"로 정의하고 있다.

자신의 정체성은 본인 스스로 만들어가는 것으로 인생관, 세계관을 시대의 변화와 맞게 적응해가면서 능력을 개발하고 지식을 재교육, 재충전하는 자기인식, 과거의 인간관계를 탈피하고 새로운 인간관계를 만드는 다양한 네트워크, 그리고 과거의 사고방식, 습관, 타성에서 벗어나 새로운 세계, 새로운 지식, 새로운 생활에 대한 개방적인 태도, 등이 변형자산을 구성하는 무형자산으로 설명하고 있다. 교육, 취업, 퇴직의 3단계 삶에서 변형자산을 기반으로 퇴직 후 새로운 기회를 만드는 다단계 삶을 만들 수 있다는 것이다. 여기서 다단계 삶은 나이와 관계없이 다양한 연령대의 사람들이 다양한 방식으로 생활할 수 있다. 그리고 나이와 관계없이 젊은 사고방식과 생활태도, 즉 혁신성과 창의성, 적응성, 유희성, 즉흥성, 도전정신 등을 요구하고 있다.

미래의 다단계 삶에 큰 위협이 되는 일자리 공동화가 크게 우려되고 있다. 로봇공학과 인공지능의 발전은 단순 노동자와 반숙련 노동자, 단순 사무직 근로자 대부분의 일자리를 대체할 것으로 예상한다. 미국 노동시장의 연구 결과에 따르면 향후 수십 년간 미국 일자리의 약 47%에 해당하는 6천만 개가 사라질 것으로 추정하고 있다.

그러나 린다 그래튼은 100세 시대의 노동시장에 대하여 낙관론을 펴고 있다. 낙관론의 근거로 첫째, 인구 감소를 지적하였다. 인구 감소는 노동 인구의 감소로 이어지며, 특히 베이비붐 세대의 퇴직자로 인하여 발생하는 일자리 수가 취업자 수보다 더 많을 수도 있으며 다행히 로봇이 이를 메우고 대체할 수 있어 생산성이 유지될 수 있다고 보는 것이다. 두 번째 근거로는, 새로운 기술혁신은 새로운 제조업과 서비스의 등장을 촉진하여 새로운 상품이 대거 등장하면서 많은 새로운 일자리를 창출할 것으로 보았다. 인간이 기계와 인공지능에 비해서 절대우위와 비교우위를 갖는 일자리는 여전히 많을 것이며 기술과 인간이 서로 보완적인 관계를 만들 것으로 보았다. 따라서 다단계 삶에서 장수가 축복이 되기 위해서는 새로운 일자리, 새로운 기회를 포착할 수 있는 변형자산을 축적하고 이를 실행할 수 있는 재교육, 재충전, 재투자가 필요하다고 결론짓고 있다.

# ◆ 과학혁명

Plato (기원전 428/427
년 또는 424/423년~기
원전 348/347년)

　　　　기독교적 신앙이 절대적 권위
로 자리 잡았던 중세를 지나 근세의 문턱에서 일어
났던 문예 부흥운동 르네상스는 종교개혁과 함께
과학혁명의 중요한 배경이 되었다. 주로 이탈리아
를 중심으로 문화적·예술적 부흥을 꿈꾸었던 르네
상스 인문주의 학자들은 고대 그리스·로마 시대의
고전들을 연구하였다. 그 결과, 중세 시대에는 소
개된 바가 없었던 고대 그리스·로마 시대의 과학이
새롭게 도입되었다. 고대에 번성했던 플라톤의 수
학적 과학 전통은 중세 기간 중 유럽이 아닌 이슬
람 세계로 전승되었으며, 르네상스를 맞으며 서유
럽에서 신플라톤주의로 재현되었다.

과학혁명은 1543년 코페르니쿠스가『천구의 회전에 관하여』를 출간하여 우주의 중심이 지구가 아닌 태양이며, 태양을 중심으로 지구가 회전하는 지동설을 밝힘으로써 촉발되었다고 본다. 갈릴레오는 1623년『황금계량자』를 발표하고 코페르니쿠스의 지동설을 지지하면서 수량적인 자연과학관을 내세웠다. 고대부터 내려온 아리스토텔레스의 우주관은 지구를 중심으로 보는 천동설이며, 이러한 우주관은 중세 기독교리와 적절히 조화되면서 중세 우주론으로 계승되어 왔다. 이러한 중세 우주관은 16

Nicolaus Copernicus
(1473~1543)

세기에 이르러 코페르니쿠스, 갈릴레이, 케플러 등의 학자들에 의해 근대적인 새로운 우주관으로 바뀌게 된 것이다. 천문학의 발전과 함께 17세기까지 지속한 과학혁명 기간에 많은 기술적 발명과 새로운 철학 사상의 발전이 이루어졌다. 과학자로서 영국의 길버트, 보일, 윌리엄 하비, 네덜란드의 얀센과 실비우스, 레벤후크, 슈밤메르담, 이탈리아의 말피기, 레디, 산토리오, 보렐리 등 발명가들이 화학, 물리학, 광학, 의학 등 각 분야에서 많은 업적을 쌓았다.

Sir Isaac Newton
(1643~1727)

약 150년 동안 진행되었던 과학혁명은 1687년 아이작 뉴턴이 『자연철학의 수학적 원리』를 출간하면서 종결되었다고 본다. 뉴턴의 업적은 과학을 넘어 18세기 유럽사상 전반에 커다란 영향을 주었다. 과학혁명의 기계론적 세계관과 방법론은 영국의 철학자 프랜시스 베이컨에 의해 제창되었다. 베이컨의 과학적인 방법은 실험과 관찰을 통하여 유용한 지식을 얻는 것이며, 기존의 편견을 제거하고 자연의 원리를 발견하기 위해서 귀납적 방법을 제안하였다. 베이컨은 과학이란 자연에 대한 수동적인 관찰이 아니고 자연의 원리를 밝힐 수 있는 실험을 통하여 원리를 밝혀내고, 그 원리를 이용하여 생산적인 결과를 맺을 수 있어야 한다고 주장하였으며, 과학혁명의 이념과 방법론을 확립하는 데 기여하였다.

# ◆ 콘트라티에프 사이클: 기술혁신과 경제의 역사

**제1주기(1790~1842):**

**1차 산업혁명과 고전파 경제학**

기술의 역사를 과학자들이 집필한다면 아마도 브리태니커 백과사전만큼의 분량이 될지도 모른다. 그러나 경제학자들은 시장경제가 자리 잡기 시작한 산업혁명 이후 기술발전의 역사를 콘트라티에프 순환주기로 나누어 간단하고 명료하게 정리하였다.

경제순환주기는 단기, 중기 그리고 장기순환 주기로 나누어진다. 3~4년 간격으로 순환되는 단기주기는 키친 사이클로 불리며 재고 순환에 기인하고 있다. 9~10년 주기 간격으로 순환되는 중기 주기는 쥬글라 사이클로 불리며 시설투자 순환에 기인한다. 40~50년 간격의 장기순환은 기술혁신으로 발생하며 구소련 경제학자의 이름을 따서 콘트라티에프 사이클이라 한다. 1928년 콘트라티에프는 영국과 미국의 자료를 분석하여 장기 순환주기 이론을 발전시켰다. 새로운 기술의 출현으로 경제는 확대기를 거쳐 정점에 달한 이후 후퇴, 수축기를 거쳐 최저점에 이르며, 새로운 기술의 출현으로 회복기를 거쳐 다시 확장기에 접어든다고 하였다. 따라서 1930년대의 경제 대공황을 장기순환의 수축기로 해석하였다. 이러한 분석은 대공황을 시장경제의 필연적인 귀결로 해석했던 마르크스 이론과 상치된다는 이유로 콘트라티에프는 시베리아로 유배되어 행방불명이 되었다고 한다.

콘트라티에프의 장기 경제순환 이론은 슘피터, 독일의 멘쉬, 두이진, 프리만, 러시아 경제학자 야코베츠 등의 학자들이 보완하고 발전시켰다. 산업혁명이 시작된 1780년 이후 지금까지 다섯 개의 장기 순환

주기를 보였으며, 주기마다 확장기를 유도하는 선도

기술과 선도국가가 있었다. (<표 2-1>참조)

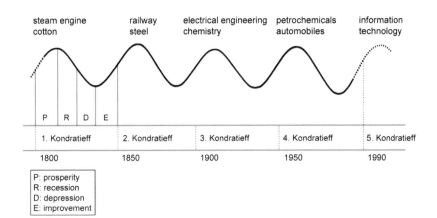

〈표 2-1〉 콘트라티에프 사이클

| 주 기 | 기 간 | 주도국가 | 주도산업 |
|---|---|---|---|
| I | 1790 ~1842 | 영국 | 증기기관, 석탄, 철강, 방직 |
| II | 1843 ~1892 | 영국, 독일 | 화학, 강철, 철도 |
| III | 1893 ~1940 | 미국, 독일 | 자동차, 석유화학 |
| IV | 1941 ~1990 | 미국, 일본 | 우주항공산업, 원자력, 전자·정보통신 |
| V | 1991 ~2040(?) | 미국 | AI, 생명공학, 대체에너지, 나노기술 |

산업혁명은 앞장에서 설명된 바와 같이 16세기와 17세기에 걸쳐서 진행되었던 과학혁명에서 연유되었다. 한 세기 반 동안 진행되어온 과학이론의 발전은 산업혁명 기간에 농경사회에서 공업사회로, 수공업 생산에서 기계공업 생산으로 발전하는 계기를 만들어준 것이다.

제1주기에 영국은 산업혁명의 중심에 있었으며, 증기기관과 방적, 방직기술, 그리고 석탄과 철광산업이 경제발전을 주도하였다. 기계화된 대규모 공장의 원동력이 증기기관이다. 프랑스의 파팽, 영국의 뉴커먼, 그리고 제임스 와트에 의해 고효율의 증기기관이 완성되었으며, 초기에는 주로 석탄광산에서 물을 퍼 올리고 석탄을 운반하는 데 사용되었다고 한다. 당시 영국에서 면과 모직물 산업은 가장 잘나가는 캐쉬카우였으며 그 핵심기술이 방적기였다. 방적기계는 1764년 하그리브스가 제니 방적기를 발명하였으며 1768년 아크라이트는 수력을 이용한 방적기를 발명하고 방적에서 직조까지 일관화된 섬유공장을 발전시켜 영국에 막대한 부를 안겨

주었다. (<표 2-2> 참조)

이 기간에 1776년 애덤 스미스는『국부론』, 맬서
스는 1798년에『인구론』, 그리고 리카도는 1817년
『정치경제학 및 과세의 원리』를 출간하였다. 부유한
집에서 태어나 케임브리지에서 수학과 철학을 전공
한 맬서스는 인구증가는 기하급수적으로 증가하나
식량 생산은 이에 미치지 못하여 식량부족, 생계수
준 하락, 임금하락과 같은 악순환이 반복된다는 암
울한 예측을 내놓았다.

성직자의 길을 걷던 맬서스는 38살에 결혼하기
위하여 케임브리지 지저스컬리지를 떠나 1805년 헤
일리베리대학에서 영국 최초의 정치경제학 교수가
되었다.

리카도는 맬서스보다 6살 연하로서, 유대인 이민
자의 아들로 태어나 학업을 포기하고 일찍부터 주
식 브로커로 일하면서 20대에 큰 부자가 되었으며,
말년에는 하원의원으로 활동하였다. 그는 존 스튜
어트 밀의 부친인 제임스 밀과 친분이 두터웠으며,

Thomas Robert
Malthus (1766~1834)

David Ricardo
(1772~ 1823)

그의 소개로 맬서스와 교류하였다고 한다. 리카도 는 27살 되던 해『국부론』을 접하고 자극을 받아 책을 집필하였다고 한다. 리카도는 비교우위론에 입 각한 자유무역론과 지대론을 처음으로 이론화하였 다. 그는 맬서스가 식량 고갈을 염려했듯이, 농지의 고갈을 우려하면서 산업 생산이 농업 쪽의 수익률 을 따라갈 수 없기 때문에 점차 사향화되며, 농업 생산 역시 최고점에 달한 이후 정체상태에 머문다 고 하였다. 그리고 이러한 정체상태를 지연시킬 수 있어도 피할 수는 없다는 성장가설을 제시하였다. 이러한 주장은 다음에 소개될 솔로우 성장모형에서 수렴가설로 이론화되었다. 맬서스와 리카도는 동시 대에 살면서 토지와 노동에 대한 수확체감의 법칙 에 근거해 농업과 광업이 주축이 되는 경제성장에 대하여 암울한 예측을 하게 된 것이다.

〈표 2-2〉 1차 산업혁명

| 기술분야 | 발명가, 기업 |
|---|---|
| 증기기관 | 1705 토마스 뉴커먼 석탄산업 양수용으로 개발<br>1769 제임스 와트 회전식 증기기관 발명<br>　　　 볼턴 앤 왓트사 설립 |
| 방적,<br>방직기 | 1733 존케이 자동북 방직기 발명<br>1764 제임스 하그리브스 제니 방적기 발명<br>1768 리처드 아크라이트 수력 방적기 발명<br>1771 아크라이트 크롬포드 공장 설립<br>1779 사무엘 크럼프턴 뮬 방적기 발명<br>1789 에드워드 카트라이트 증기기관 역직기 발명 |

## 제2주기(1843~1892):
## 철도 건설과 존 스튜어트 밀

　2차 산업혁명이 진행되는 제2주기는 영국과 독일, 미국의 주도하에 많은 기술혁신이 진행되었으며, 철도산업과 제철, 화학, 전기산업이 선도역할을 하였다. 영국의 트레비딕은 광산에서 석탄을 운반하던 기차를 개선하여 1803년 철도용 증기기관차를 만들었고, 1814년에 스티븐슨이 이를 개량하여 실용성을 높인 증기기관차를 발전시켜 육상운송수단의 혁명을 일으키게 되었다. 1830~50년 기간 중 영국에서는 6천 마일 상당의 철도가 개설되었다. 1869년 미국은 대륙 횡단철도를 건설하였고 1892년 시베리아 횡단철도가 완공되었다. 철도는 그 당시 지금의 인터넷과 같이 엄청난 파급효과를 가져왔다. 제철, 기계, 석탄에너지 등 연관산업을 발전시켰으며, 국내시장을 연결하고 키우면서 상품생산과 공업발전을 촉진하는 기폭제가 되었다.

　철도건설과 기계공업의 활황은 철강산업의 발전

으로 이어졌다. 영국의 베세머는 1855년 산소제강법을 개발하여 제철산업이 공업발전의 기반이 될 수 있게 하였다. 스코틀랜드에서 11살에 미국으로 이민 온 앤드류 카네기는 1865년 유에스 스틸의 모태가 되는 홈스테드 제강회사를 설립하였고 훗날 철강왕으로 불렸다.

Andrew Carnegie
(1835~1919)

영국의 볼타, 패러데이, 막스웰, 그리고 미국의 벤저민 프랭클린, 조셉 헨리 등 많은 발명가들이 개발한 발전기와 전동기는 증기기관에 의존했던 동력을 대체하면서 현대적인 전기 동력시대를 열리게 하였다. 웨스팅하우스는 테슬라와 함께 전기회사를 설립하여 교류변동기와 유도전동기를 생산하였고, 토머스 에디슨은 1,000개가 넘는 발명 특허를 획득하였으며, 그가 발명한 백열전구는 훗날 진공관 발명의 모태가 되었다. 에디슨은 1892년 J.P 모건과 함께 GE를 창업하여 전기·전자 산업분야의 발전에 선구자 역할을 하였다.

전화는 독일의 라이스가 1861년 발명하였으며, 실용성이 있는 현대적인 전화는 미국의 벨과 그레이에 의해 동시에 발명되었으나 벨에게 특허권이 주어졌고, 1871년 벨 전화회사가 설립되었다. 그리고 그레이 발명품은 웨스턴 유니온이 인수하여 미국의 양대 통신회사로 자리하게 되었다.

찰스 다윈이 1859년 『종의 기원』에서 소개한 진화론은 인류 학술사에 지대한 파문을 일으키게 하였다. 적자생존이라는 진화론적 사고는 후일 앨프레드 마셜의 경제이론에도 많은 영향을 주었다. 다윈과 동시대에 세 명의 경제학자, 즉 존 스튜어트 밀, 카를 마르크스, 앨프레드 마셜이 등장하였다.

(John Stuart Mill
(1806~1873)

밀은 맬서스의 친구였던 제임스 밀의 아들이며, 어렸을 때부터 영재교육을 받은 뛰어난 철학자이자 경제학자였다. 밀은 1848년 5편의 방대한 『정치경제원리』를 발간하였다. 이 저서는 마셜의 『경제학원리』, 사뮤엘슨의 『경제원론』과 함께 3대 경제원론으로 꼽히기도 한다. 밀의 저서는 1890년 마셜의 『경제학원리』가 나오기까지 수십 년 동안 경제서적으로서 독보적인 위치를 차지하였다. 밀은 스미스, 맬서스, 리카도로 이어지는 고전학파의 경제논리에 따라 수확체감으로 인해 자본과 부의 정체상태가 존재한다고 믿었다. 이러한 정체상태는 기술이나 지식의 발전으로 지체될 수도 있으나, 기술과 지식은 과학과 예술 분야로서 경제학자가 상관할 일이 아니라고 하였으며, 다음에 설명할 외생적 성장론의 출발점이 되었다. 당시 영국학계에서 아리스토텔레스에 필적하는 권위를 누렸다는 밀은 말년에 하원의원을 역임하면서 현실정치에 적극적으로 참여하였다.

밀보다 12살, 다윈보다 9살 연하인 카를 마르크스는 독일 라인란트트리어에서 유대인인 부유한 변호사의 아들로 태어났다. 24세의 나이에 예나대학에서 박사학위를 받았다. 그는 파리, 브뤼셀 등지를 전전하다가 1846년 런던에 정착하면서 경제학 고전들을 접하게 되고, 1867년 그의 나이 49세에 『자본론』 제1권이 출간되었다. 마르크스는 프로이트, 다윈과 함께 인류 문명에 큰 영향을 미친 한 사람으로 지목되기도 한다. 마르크스는 스미스가 제시한

Karl Marx
(1818–1883

생산의 3대 요소, 즉 토지, 노동, 자본의 틀 안에서 지주, 프롤레타리아, 그리고 부르주아의 이익 상충에 따른 갈등으로 인하여 시장경제가 붕괴할 것으로 예언하였다. 마르크스가 자본주의 경제의 지속적인 발전을 전혀 예상하지 못한 것은 기술과 지식의 중요성을 도외시한 데 연유된 것으로 보인다.

## 제3주기(1893~1940):
## 2차 산업혁명과 케인스

제3주기는 미국과 독일이 중심이 되어 화학, 자동차 공업, 석유에너지 산업이 주도하는 중화학공업의 전성기로서, 2차 산업혁명의 시기이기도 하다. 프랑스의 라부아지에가 1789년 『화학원론』에서 연소이론과 질량보존의 법칙을 발표하면서 프랑스는 화학의 메카가 되었다. 19세기에 들어와 독일의 리비히가 화학비료를 만들고, 뮐러는 1828년 유기화합물인 요소를 합성하였다. 1853년 베르틀로가 글

리세린과 지방산을 합성하여 유기화합물을 본격적으로 생산하면서 독일은 유럽에서 프랑스에 이어 화학의 중심지가 되었다. 유기화학 공업의 발전으로 바이엘, 훽스트, BASF, AGFA 등 화학염료 및 제약회사가 독일 정부의 지원 아래 세계적인 화학 공업 회사로 발전하게 되었다. 유기화학 공업은 고분자화학의 발전으로 이어져 합성수지, 합성섬유, 합성고무 등 합성소재 공업으로 발전하였다. 미국의 종합화학 회사인 듀퐁사는 1802년 프랑스에서 이주한 엘테일 듀퐁이 설립한 회사로서, 1차 세계 대전을 거치면서 막대한 부를 축적하였다.

　1920년대 종합화학공장으로 발전하여 합성고무, 나이론, 테프론, 농약, 도료 등을 생산하였다. 듀퐁은 1908년에 설립된 GM의 주주가 되어 GM을 미국 1위의 자동차회사로 발전시켰다.


　자동차엔진이 되는 내연기관은 1860년 벨기에 트루와르에 의해 발명되었고, 1876년 독일의 오토가 가스연료를 사용하는 단동식 자동차 엔진을 만들었다. 1883년 다임러와 헤어칼 벤츠는 가솔린 엔진을 처음으로 만들어 다임러 벤츠 자동차회사를 설립하였다. 그리고 1897년 독일의 루돌프 디젤은 중유 엔진을 만들어 선박, 자동차, 항공기 등에 공급하였다.

미국의 헨리 포드는 GM보다 5년 빠른 1903년 포드자동차 회사를 설립하고 1913년 조립 라인 방식의 포드시스템을 만들어 T자형 자동차를 대량 생산하면서 GM과 함께 미국의 자동차 산업을 발전시켰다. 미국의 석유왕 존 록펠러는 1870년 오하이오 스탠다드오일 회사를 설립하였으며, 1882년에 미국 석유 생산의 95%를 점유하는 석유왕이 되었다. 발명왕 에디슨, 강철왕 카네기, 석유왕 록펠러, 화학왕 듀퐁, 자동차왕 포드가 활약했던 미국은 20세기로 접어들면서 1911년 영국을 앞지르고 세계 제일의 경제대국으로 등장하게 되었다.

John Davison
Rockefeller
(1839~1937)

앨프레드 마셜은 케임브리지에서 수학을 공부하고 독일에 건너가 철학과 윤리학을 공부하였다. 밀의 『정치경제학 원리』로 경제학을 독학한 마셜은 1890년 『경제학 원리』를 출간하였다. 마셜은 1903

년 케임브리지대학에서 처음으로 경제학을 독립된 학과로 개설하였으며, 케인스, 피구, 로빈슨 등 저명한 경제학자들을 길러냈다.

마셜은 우리에게 익숙한 수요곡선과 공급곡선이 교차하는 도표를 만들어 시장균형을 설명하였다. 수확체감의 법칙이 적용되는 완전경쟁의 틀 안에서 미시경제학 이론을 체계적으로 완성하였다. 마셜은 수확체증 현상도 완전경쟁 이론의 틀 안에 수용하고 있다. 가격하락과 수확체증 현상을 내부경제와 외부경제로 나누어 설명하였다. 내부경제란 경영의 효율성, 시장개척, 대량구매, 첨단 생산시설의 도입, 우회생산 등 기업의 내부적 요인에 의해 생산원가가 하락하여 가격 인하가 가능해지고 수확체증으로 초과이윤이 발생한다고 보았다. 외부경제는 동일한 혹은 연관산업이 밀집한 지역에서 새로운 기술이나 경영기법의 스필오버, 기계나 원료의 저렴한 구매, 인력의 용이한 조달 등에서 가격하락과 수확체증이 발생한다고 보았다. 그러나 이것은 영속적인 것이 아니며 경쟁자가 출현하면서 모두 경쟁시장 안

Alfred Marshall
(1842~ 1924)

으로 들어오게 된다고 설명하였다.

John Maynard Keynes
(1883~1946)

　마셜의 제자인 존 메인라드 케인스는 마셜의 친구이자 경제학자였던 부친과 케임브리지 시장을 역임한 모친을 둔 수재로서 이튼 스쿨과 케임브리지에서 수학하였으며, 당시 런던에서 가장 똑똑하고 유명한 학생이었다고 한다. 공무원시험으로 등용된 케인스는 런던조폐국 책임자를 역임하였으며, 여러 공직을 거치면서 많은 저서를 남겼고, 케임브리지에서 경제학 강의도 하였다.

　케인스는 경제 대공항 직후 1936년에 『고용, 이자 및 화폐의 일반이론』을 출간하였다. 케인스는 마셜이 집대성한 미시경제 이론에서 벗어나 국민소득, 저축, 투자, 소비, 정부지출, 고용과 같은 국가경제의 집계 변수를 동원하여 거시경제 이론을 정립하였다. 케인스는 고전파 경제학의 '보이지 않는 손'의 작동과 자유방임주의를 수용하지 않고 정부의 강력한 시장 개입을 주장하였으며, 경제 대공황을 치유하는 안정화 정책이론을 펼쳤다. 이 시절 케인스는 성장보다는 대공황이라는 발등의 불을 꺼야 했다. 태풍이 지나가고 바다가 잠잠해지길 기다릴 경황이 없었던 것이다. 이즈음 케인스와 동년배였던 죠셉 슘페터는 기술혁신과 기업가 역할을 강조하는 '창조적 파괴' 이론을 발표하였으나, 케인스의 그늘에 갇혀 주목을 끌지 못하였다. 그러나 훗날 슘페터의 기술혁신 이론은 신성장 이론의 모태가 되었다.

(Joseph Alois
Schumpeter
(1883~1950)

〈표 2-3〉 2차 산업혁명

| 기술분야 | 발명가, 기업 |
|---|---|
| 철강, 강철 | 1709 에이브러햄 다비, 코크스 제철기술 발명<br>1865 헨리 베쎄머, 산소제강법으로 강철 대량생산<br>1897 앤드류 카네기, 카네기스틸 설립<br>1901 J.P.몰간, US스틸 설립 |
| 철 도 | 1804 리차드 트레비딕 철도 개발<br>1814 미국 조지 스티븐슨, 증기기관 철도 상용화<br>1867 코넬리우스 반더빌트, 미국 뉴욕센트럴 철도회사 인수 |
| 전 기 | 1831 패러데이, 전자기유도법칙 발견<br>1871 벨, 전화회사 설립<br>1879 에디슨, 백열전구 발명<br>1882 뉴욕 중앙발전소 설립<br>1886 테슬라, 웨스팅하우스 교류 전기회사 설립<br>1891 에디슨, 몰간, GE 설립 |
| 석유, 화학 | 1802 듀폰사 설립<br>1859 에드윈 드레이크, 석유발견<br>1863 바이엘, 훽스트, BAF, AGFA 설립<br>1870 록펠러, 스탠다드 오일 설립<br>1897 다우케미칼 설립 |
| 자동차 | 1883 다임러, 마이바흐, 가솔린 엔진 개발<br>1892 루돌프 디젤, 중유엔진 발명<br>1903 헨리 포드, 자동차회사 설립, T형 포드 대량생산<br>1908 듀란트, GM 설립 |

## 제4주기(1941~1990):
## 3차 산업혁명과 로버트 솔로우

제4주기는 미국과 일본이 중심이 되어 가전, 컴퓨터, 우주항공 산업, 그리고 핵에너지가 기술혁신을 주도하면서 제3차 산업혁명이 진행되었으며, 21세기 인류 문명의 새로운 세계를 준비한 시기이다. 1946년 펜실베이니아대학 교수 존 모클리와 대학원생 존 에커트는 일만구천 개의 진공관이 내장되고 무게가 27톤인 최초의 컴퓨터 '에니악'을 만들었다. 그리고 다음 해 벨랩에서 일하던 윌리엄 쇼클리, 존 바딘, 월터 브레딘이 트랜지스터를 발명하여 진공관을 대체하면서 메인프레임 컴퓨터와 소형컴퓨터 시대를 열었고, 전자기기의 소형화, 경량화, 안정화가 이루어졌다. 1958년 텍사스 인스트루먼트사의 잭 킬비와 밥 노이스는 집적회로 반도체를 발명하였으며, 밥 노이스는 1968년 인텔을 창업하였다. 인텔은 1980년대에 들어와 PC용 마이크로프로세서 칩을 개발하여 PC 시대를 여는 초석을 깔아 놓았다.

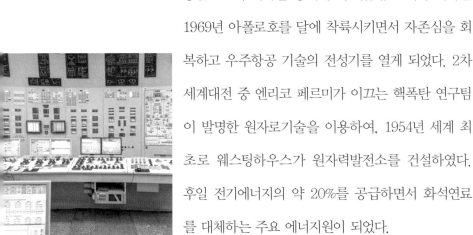

　미국의 젊은 과학자들이 컴퓨터, 트랜지스터, 그리고 집적회로의 발명에 심취해 있을 때 소련은 1957년 인류 최초의 인공위성 스푸트니크의 발사에 성공함으로써 미국을 충격에 빠트렸다. 그러나 미국은 1969년 아폴로호를 달에 착륙시키면서 자존심을 회복하고 우주항공 기술의 전성기를 열게 되었다. 2차 세계대전 중 엔리코 페르미가 이끄는 핵폭탄 연구팀이 발명한 원자로기술을 이용하여, 1954년 세계 최초로 웨스팅하우스가 원자력발전소를 건설하였다. 후일 전기에너지의 약 20%를 공급하면서 화석연료를 대체하는 주요 에너지원이 되었다.

　한편, 케인스 처방에 따라 대공황을 슬기롭게 극복하고 2차대전 중 전쟁특수로 많은 돈을 벌어들인 미국은 1960년대 10여 년 동안 거의 완전고용을 실현하면서 미국경제 '제1의 황금기'를 맞이하게 된다. 지금도 미국 노인들이 가장 좋았던 시절로 기억하고 있는 60년대를 두고 케인스 경제학이 이루어 놓은 큰 성과로 지적되기도 한다. 그러나 미국경제는 80년대에 접어들면서 침체기를 맞게 된다.

1973년 중동전쟁에 기인한 1차 오일쇼크로 인하여 원윳값은 배럴당 3불에서 20불대로 폭등하였다. 1975년에는 세계 식량 재고가 줄어들면서 식량파동과 자원파동으로 이어졌고, 1979년에는 이란사태에 기인한 2차 오일쇼크가 발생하면서 원윳값은 배럴당 40불 수준으로 폭등하였다. 원윳값과 원자잿값이 폭등하면서 생산활동은 침체하였다. 실업률이 올라가고 동시에 물가가 오르는 스태그플레이션 현상이 나타났으며, 미국의 경기 침체는 80년대까지 이어졌다.

일본은 가전, 반도체, 자동차, 조선산업 분야에서 세계시장을 석권하였다. 미쓰비시, 미쓰이, 이또 쥬 등 종합상사들이 맹활약하면서 소니, 내셔널, 파

나소닉 등이 세계 가전시장의 메이저 브랜드가 되었다. 일본의 반도체가 실리콘밸리의 경쟁업체들을 위협하면서 미국과 반도체 무역협정을 체결하게 된 것도 이 시기에 일어난 일이다. 미국 경영학계에서는 일본기업들의 경쟁력 원천에 관한 많은 연구가 수행되었다. 온정주의, 종신고용제, 가부장적 기업문화 등이 서구기업들과 차별되는 기업문화로 지적되었다. 일부 학자들은 미국경제의 패권시대는 막을 내리고 일본경제가 세계경제를 주도할 것이라는 전망을 하기도 하였다.

벨랩의 윌리엄 쇼클리, 존 바딘, 월터 브래튼이 트랜지스터 발명의 공로로 노벨물리학상을 받게 되는 1956년, 로버트 솔로우는 [경제성장이론에 대한 기고]를 발표하였다. 신고전파 경제학의 틀 안에서 경제성장이론이 등장하게 된 것이다. 솔로우의 성장모형은 일찍이 맬서스와 리카도, 그리고 밀이 설명했던 수확체감에서 기인하는 수렴이론을 모형화했다. 솔로우는 뉴욕 브루클린에서 태어난 유대인으로 16세에 하버드에 입학한 신동이었다. 24세에 박사학위를 받고 컬럼비아대를 거쳐 25세에 MIT 교

Robert Solow
(1924~)

수로 부임하였다. 1987년 성장이론에 관한 연구공로로 노벨경제학상을 받았으며, 40여 년간 사무엘슨과 함께 많은 연구 업적을 쌓았다.

60년대와 70년대의 경제학계는 경기순환 과정에서 발생하는 인플레이션과 실업 문제의 해결이 중요한 연구과제가 되었다. 안정화 정책, 즉 재정정책과 금융정책의 유효성, 그리고 정부의 역할에 관하여 많은 이론적 논쟁이 전개되었다. 정책 개입의 정당성을 주장하는 케인스학파와 시장의 역할을 중요시하는 신고전주의 전통을 고수하는 통화주의학파 간의 논쟁은 경제학술지의 지면을 가득 채웠다. 80년대에 이르러 케인스학파 이론은 단기이론으로, 신고전주의 이론은 장기이론으로 정리되면서 뜨거웠던 논쟁은 막을 내리게 된다. 80년대부터 시작된 정보통신 분야의 기술혁신은 지구촌 경제를 세계화의 물결로 뒤덮게 되었고, 신자유주의가 선진권 경제의 정책기조로 자리 잡게 되었다.

Milton Friedman
(1912~2006)

〈표 2-4〉 3차 산업혁명

| 기술분야 | 발명가, 기업 |
|---|---|
| 우주항공 | 1954 미국 보잉사 B707 개발<br>1957 소련 인류 최초 인공위성 스푸트니크 발사<br>1962 미국 케네디 대통령 아폴로 계획수립<br>1969 미국 우주선 닐 암스트롱 달 착륙 |
| 원자력 | 1953 미국 아이젠하워 대통령 원자력 평화적 이용 선언<br>1956 영국 원자력발전소 건설<br>1958 미국 원자력발전소 건설 |
| 생명공학 | 1996 영국 로슬린연구소 복제 양 "돌리" 탄생<br>2000 미국 게놈프로젝트 성공<br>2001 미국 셀레라사 인간유전자 지도완성 |
| 컴퓨터 | 1946 에커트, 모클리 범용 디지털 컴퓨터 '에니악' 탄생<br>1947 존 바딘, 월터 브래튼, 윌리암 쇼클리 트랜지스터 발명<br>1951 최초 상업 컴퓨터 UNIVAC1 개발<br>1958 잭 킬비, 로버트 노이스 IC 개발<br>1964 IBM 360 출시<br>1975 PC 알테어 8800 출시<br>1978 매킨토시 출시<br>1981 IBM PC 5150 출시<br>실리콘밸리 주요기업 창업: HP(1938), 페어차일드(1958), 인텔(1968)<br>1995 MS, DOS 윈도 프로세서 출시 |

## 제5주기(1991~2040?):
## 4차 산업혁명과 신경제

제5주기에는 자율주행, 인공지능, 빅데이터, 생명 공학 등의 분야에서 미국을 중심으로 혁신적 연구 성과물들이 나왔으며, 이는 4차 산업혁명으로 불리고 있다. 80년대 주춤했던 미국경제는 90년대에, 60년대 '제1의 황금기'를 뒤이어 '제2의 황금기'를 맞이하게 된다. 90년대 10여 년간 완전고용이 실현되면서 인플레이션과 경기순환이 없는 호황이 지속되어 '신경제'라고 불리게 되었다.

바이오 산업 분야에서 획기적인 발명이 성취되었다. 1996년 영국 스코틀랜드 로슬린 연구소의 이안 윌매트와 카이스 캠벨은 복제 양 돌리를 탄생시켰다. 어미 양의 유방세포에서 핵을 추출하여 핵을 제거한 난자에 주입하고 전기 충격을 가해 만들었다고 한다. 그 후 쥐, 염소, 돼지 등이 쉽게 복제되었고, 동물복제의 성공은 인간복제라는 신의 영역을 과학자들이 넘보는 세상이 되었다.

한편, 인간의 난치병을 극복하기 위한 게놈프로젝트, 즉 인간이 가지고 있는 유전적 염기 서열을 분석하여 지도를 만드는 연구가 미국을 중심으로 진행되었다. 1988년 미국 에너지 성은 영국, 프랑스, 독일, 일본, 중국으로 구성된 다국적 연구팀을 만들고 연구 책임자로 DNA 구조를 밝혀내 노벨 생리의학상을 받은 제임스 왓슨이 선정되었다. 1992년 미시간대 프랜시스 콜린스가 뒤이어 부임하면서 본격적인 연구가 시작되었다. 이와는 별도로 미국 국립보건연구소에 근무하던 크레이그 벤터는 셀레라 지노믹스라는 벤처 회사를 설립하여 독자적으로 게놈프로젝트 연구를 진행하였다. 두 연구진은 2003년 4월 공동으로 인간 게놈지도의 완성을 발표하였다.

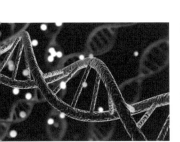

이들의 연구는 게놈의 염기 서열을 99.9%까지 밝혀내는 데 성공한 것이다. 인간 게놈지도의 완성은 모든 난치병의 예방과 치료에 응용되면서 인간수명의 한계를 극복할 수 있다고 한다.

4차 산업혁명은 디지털 기술혁신이 주종을 이룬다고 볼 수 있다. 생명공학과 나노기술 역시 디지털 기술과 연계되어 인류 문명의 큰 변화를 가져올 것으로 예상하고 있다. 디지털 기술혁신의 상징은 자율주행차이며, 그 원동력은 인공지능과 빅데이터가 주축을 이룬다. 디지털 기술혁신은 5G, 블록체인, 드론, 사물인터넷(IOT), 3D 프린팅, 로봇공학 등으로 확대되었다. 이미 보급되기 시작한 5G 기술은 가상현실(VR), 증강현실(AR) 분야에서 응용되어 게임, 비디오, 관광, 소매유통, 부동산거래 등에 광범위하게 적용되어 상용화의 폭이 점차 확대되고 있다. 블록체인은 차세대 인터넷 혁명으로 불릴 정도로 큰 변화를 가져올 것으로 예측하고 있다. 암호 화폐는 이미 대량으로 개발되고 있으며, 공유경제, 금융, 신용카드, 유통분야에서 혁신을 초래할 것으로 보인다. IOT와 3D 프린팅 기술을 갖춘 스마트공장은 제조업의 새로운 모델로 이미 자리를 잡아가고 있다. 이와 같은 신기술들이 어떻게 개발되고 있는지 미국의 6대 메이저 디지털 기업들의 사업 내용을 〈표2-5〉에 정리하였다. 6대 디지털 기업은 IBM, MS, Apple, Amazon, Google, Facebook 으로서, 모두 미래의 사업으로 인공지능과 이와 관

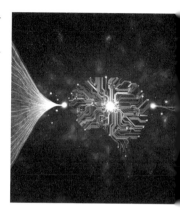

련된 신기술산업에 막대한 자금을 투자하여 경쟁적으로 연구하고 있다. 테슬라의 CEO 일론 머스크는 4차 산업혁명의 가장 파괴적인 혁신기술로 자율주행 전기자동차를 꼽고 있다. 여기에는 미래의 모든 신기술이 복합적으로 투입되어 있다. 자율주행차는 인공지능 소프트웨어 기반으로 주기적으로 업그레이드 되며, 모든 자동차가 서로 연결되고 도로망 관리시스템이 내비게이션과 연결되어 환상적인 무사고 운행이 가능해진다고 한다. 내연기관이 필요 없게 되어 고장이 없고 수리비도 들지 않으며, 태양열을 이용한 전기 충전소에서 연료를 공급받아 무공해 운행을 하게 된다.

2025년경이 되면 완전자율주행 전기자동차의 상용화가 이루어질 것으로 보고 있다. 더 나아가서 자율주행차 기술은 드론, 스페이스X의 항공기술, 3D 등과 결합해서 비행 자동차가 등장할 날도 멀지 않았다고 한다.

인공지능과 5G, 블록체인, 나노기술, 생명공학은 서로 연계되면서 〈표2-6〉에서 보는 바와 같이 광범위하게 적용되리라 본다. 미래의 메드테크는 인간 수명이 100세를 넘어 영생이 가능한 사이버 인간으로 연장될 수 있다고 보는 게 인공지능 미래학자인 커즈와일의 지론이다. 미래의 푸드테크는 식량과 먹거리를 풍요롭게 제공할 것이며, 태양열, 풍력, 수소에너지, 수열, 지열 등 재생에너지는 기후 온난화 문제를 해결하면서 무한대의 크린에너지 공급이 가능하게 된다. 향후 예상되는 나노셀 기술은 태양열을 인류 에너지 수요의 대부분을 충당해 줄 것으로 전망되고 있다. 인공지능을 기반으로 하는 신기술들은 궁극적으로 스마트 금융, 스마트 산업, 스마트 홈, 그리고 스마트 시티를 구현하면서 21세기 신문화·문명을 창조할 것으로 예상된다.

〈표2-5〉 디지털 혁신기술과 6대 기업 현황

| 디지털 신기술 | IBM | MS | Apple | Amazon | Google | Facebook |
|---|---|---|---|---|---|---|
| 사물 인터 넷 | 데이터 분석 플랫폼 DAP | | 디바이스 플랫폼 DAP 헬스케어 | | | |
| 클라 우드 | | Azure 플랫폼 office365 | | AWS | GCP Gmail | |
| 빅데 이터 | | | | 구매추천 예측배송 | | |
| 인공 지능 | | 인보크 미래 자동차 기술개발 지원 AI와 cloud (VW, BMW, 닛산) | | Alexa | 어시스턴트, 구글홈 알파스타 알파고리 알파고마스터 알파고제로 딥마이드 MVA(2001) | |
| 블록 체인 | 헬스케어 | 미디어콘텐츠 기록보관 | | 제조유통 거래 | | |
| 가상-증강 현실 | | | 앱스토어 플랫폼 | 카드보드 디바이스 점프 플랫폼 구글플레이 플랫폼 | | 오큘러스 리프트 디바이스 |

자료: 산업연구원(2019)

〈표 2-6〉 디지털 기술혁신의 진화

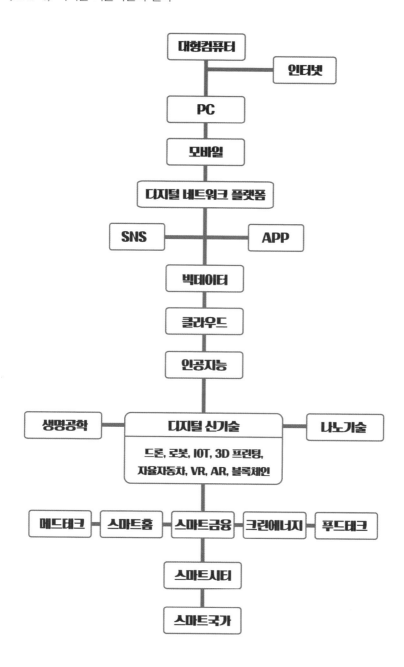

# ◆ 인공지능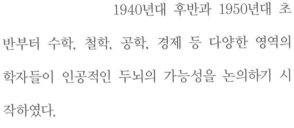*

* 김강훈(2016)을 수정.
요약함

1940년대 후반과 1950년대 초반부터 수학, 철학, 공학, 경제 등 다양한 영역의 학자들이 인공적인 두뇌의 가능성을 논의하기 시작하였다.

1950년 앨런 튜링은 생각하는 기계의 구현 가능성에 관한 논문을 발표했다. 그는 생각을 정의하기 위하여 '튜링 테스트'를 고안했다. 텔레프린터를 통한 대화에서 기계가 사람인지, 기계인지 구별할 수 없을 정도로 대화를 잘 이끌어 간다면 이것은 기계가 생각하고 있다는 충분한 근거가 된다는 것이다. 튜링 테스트는 인공지능에 대한 최초의 심도 깊은 철학적 제안이었다.

'중국어방 논증'은 튜링 테스트를 통과한 기계라고 해도 언어를 이해하고 대화할 수 없다고 본다. 중국어방 논증은 다음과 같은 상황을 가정함으로써 시작된다. 우선 방 안에 영어만 할 줄 아는 사람을 집어넣는다. 그 방에 필담을 할 수 있는 도구와 미리 만들어 놓은 중국어 질문 목록과 그 질문에 대한 대답 목록을 준비해 둔다. 이 방 안으로 심사관이 중국어로 질문을 써서 안으로 집어넣으면 방 안의 사람은 그것을 준비된 대응표에 따라 그에 대한 답변을 밖의 심사관에게 준다.  안에 어떤 사람이 있는지 모르는 중국인이 보면 안에 있는 사람은 중국어를 할 줄 아는 것처럼 보인다. 그러나, 안에 있는 사람은 실제로는 중국어를 전혀 모르는 사람이고, 중국어 질문을 이해하지 못하고 주어진 표에 따라 대답할 뿐이다. 이로부터 중국어로 질문과 답변을 완벽히 한다고 해도 안에 있는 사람이 중국어를 이해하는지 아닌지 판정할 수 없다는 결론을 얻는다. 이와 마찬가지로 더 나아가서 질문과 답변을 수행할 수 있는 기계가 있어도 그것이 지능을 가졌는지는 튜링 테스트로는 판정할 수 없다는 것을 주 내용으로 한다.

Alan Mathison Turing
(1912~1954)

그러나 이에 대해 일부 학자들은 방 안의 사람은 중국어를 이해하지 못하지만, 방 안의 사람과 중국어방을 더한 총체는 중국어를 이해한다고 주장한다. 그리고 컴퓨터 프로그래머들은 실제로 인공지능을 구현하는 방법이 중국어방 논증과 차이가 없다고 주장하고 있다. 예를 들어, 애플사의 시리(Siri)는 본질적으로는 미리 저장된 데이터 베이스를 통해서 입력된 문장을 분석하고 적당한 문장을 출력하는 중국어방 논증에 의해 프로그램되어 있지만, 애플사의 제품을 이용하는 대부분의 사람들은 시리가 아주 훌륭한 인공지능의 예시라고 생각한다. 인터넷 서점이 내 구매 목록을 바탕으로 내 취향에 꼭 맞는 신간을 추천해주거나 시리가 내 목소리를 알아듣고 친구에게 문자메시지를 적어 보내주는 것, 운전하는 사람 없이 혼자 도로를 달리는 무인 자율자동차 등은 얼핏 인공지능처럼 보이지만 인공지능은 아니다. 모두 특정한 상황에서 주어진 일만 해낼 수 있을 뿐이기 때문이다. 게리 마르쿠스 뉴욕대 인지과학자는 21세기에 걸맞게 튜링 테스트를 개선해야 한다고 주장했다. 그는 인공지능은 TV

프로그램이나 유튜브 동영상을 보고 그 내용에 관한 질문에 답할 수 있어야 하며, 사람처럼 정보를 모아 종합적으로 판단을 내리는 컴퓨터 프로그램이 진정한 인공지능이라고 말했다.

이런 연구들과 연관에서, 인공두뇌의 전자적 구축에 대한 아이디어가 나온 것이다. 월터 피츠와 워런 매컬러는 인공 신경망에 기인한 네트워크를 분석하고 그들이 어떻게 간단한 논리적 기능을 하는지 보여주었다. 그들은 후에 신경네트워크라 부르는 기술을 처음으로 연구한 학자들이다. 24살의 대학원생인 마빈 민스키는 사람과 기계 간의 차이에 대해 끊임없이 연구하여 1951년, 처음으로 신경 네트워크 기계인 SNARC (Stochastic Neural Analog Reinforcement Calculator)를 구축했다. SNARC는 무작위 연결 신경망 방식을 활용함으로써 최초의 학습하는 기계로 평가받는다. 1953년에는 진공관으로 구현한 신경망을 발명하여 인공지능 연구에 큰 공헌을 했으며, 이 업적으로 1970년 컴퓨터 과학 분야 최고의 상인 튜링상을 받기도 했다.

1956년에 열린 다트머스 콘퍼런스는 마빈 민스키와 존 매카시, 그리고 IBM의 수석 과학자인 클로드 섀넌과 네이선 로체스터가 개최했다. 참가자는 레이 솔로모노프, 올리버 셀프리지, 트렌차드 모어, 아서 새뮤얼, 앨런 뉴웰과 허버트 사이먼으로, 인공지능 연구에서 중요한 프로그램을 만들어온 학자들이었다.

콘퍼런스에서 뉴얼과 사이먼은 '논리 이론'을 소개했고, 그 프로그램은 러셀과 화이트헤드의 『수학원리』에 나오는 52개의 정리 중 32개를 증명하였으며, 일부 새롭고 더 우수한 증명을 찾아내기도 했다. 매카시는 처음으로 AI를 연구과제 이름으로 명명하였으며 다트머스 콘퍼런스는 넓은 의미의 AI가 탄생한 계기가 되었다.

다트머스 콘퍼런스 이후, AI라는 새로운 영역은 발전하기 시작했다. 초기에 만들어진 프로그램은 대수학 문제를 풀었고, 기하학의 정리를 증명했으며 영어를 학습했다. 사람들은 이와 같은 기계의 지능적 행동을 보고 AI로 모든 것이 가능할 것이라

믿으며 낙관론을 펼쳤고, 완전한 지능을 갖춘 기계가 20년 안에 탄생할 것으로 예측했다. 많은 성공적인 프로그램들이 50년대 후반과 60년대에 만들어 지면서 AI 발전에 지대한 영향을 미치게 되었다.

1970년대에 이르러 낙관론은 연구에 대한 기대를 매우 높여 놓았으나, 약속했던 결과를 보여주지 못하자 AI는 비판의 대상이 되었고, 재정적 위기가 닥쳤다. AI 연구는 70년대에 더 이상 극복할 수 없는 몇 개의 근본적인 한계를 가지게 됐다. 존 루카스는 컴퓨터 프로그램과 같은 시스템이 실제로 정확하게 사람과 같이 행할 수 없다고 주장하였다. 휴버트 드레이퍼스는 AI의 가정을 비판했으며, 인간의 추론이 실제 상징적 진행이 매우 적게 포함되어 있고 무의식적인 노하우에 의해 처리된다고 주장했다. 중국어방 논증은 프로그램이 상징들을 이해할 수 없고 사용할 수 없음을 보여주려고 시도한 것으로, 만약 상징이 기계에 아무 의미가 못 된다면 기계는 생각하는 것이 아니라고 주장했다. 1976년에 조셉 웨이즌바움은 『컴퓨터 능력과 인간 추론』을 출판하여 인공지능의 오용이 인간의 삶을 평가절하시킬 수도 있다고 주장했다.

1980년대에는 '전문가 시스템'이라고 일컫는 인공지능 프로그램이 개발되어 인공지능 검색에 초점이 맞춰졌다. 전문가 시스템은 특정 지식의 범위에 대해 문제를 해결해 주거나 질문에 대답해 주는 프로그램으로, 전문가의 지식에서 파생한 논리적 법칙을 사용하였으며, 단순한 디자인은 프로그램 만드는 것을 상대적으로 쉽게 하였다. 이것은 1970년대 기간 중 연구되었던 AI 연구 기법의 새로운 방향 중 일부분이었다. AI과학자들은 지능이란 것이 다양한 방법들로 많은 양의 다양한 지식을 사용하는 능력에 기반한 것이라고 인식하고, 지식기반 시스템과 지식 엔지니어링은 1980년대 AI 연구자들의 메인 포커스가 되었다. 1981년 일본은 5세대 컴퓨터 프로젝트를 위해 8억5천 달러를 확보하여 기계가 사람처럼 프로그램을 작성하고 대화를 수행할 수 있는 시스템과 언어를 번역하거나 그림을 해석하는 프로젝트를 채택하였다. 그러나 80년대 후반부터 시스템에 대한 관심이 약화하고 투자가 끊기면서 'AI 겨울'이라는 단어가 만들어졌다. 1987년에 특성화된 AI 하드웨어 시장이 갑자기 무너진 것이다. 1987년에 애플이나 IBM의 데스크톱 컴퓨터들은 급격히 빨라져서 최초의 전문가 시스템인 XCON은 유지하기에 너무 비싸다는 것이 증명되었다. 업데이트하기에도 너무 어려웠고 학습도 되지 않았으며, 특별한 경우에서만 유용할 뿐이었다. 미국 국방연구처에서는 AI가 미래의 연구과제가 아니라고 결정했고, 일본에서도 5세대 프로젝트가 목표 리스트에 기록한 것만큼 성과가 나오지 않았다. 그러나 반세기를 넘은 AI 분야는 보조적인 역할이었지만 기술 산업에 성공적으로 사용되었으며, 이러한 성공은 컴퓨터의 성능이 향상한 데 기인하고 있다.

1990년대에는 '지능형 에이전트'라고 불리는 새로운 패러다임이 다방면에서 수용되고 있었다. 지능형 에이전트는 경제학자들의 합리적 에이전트라는 정의와 컴퓨터 과학자들의 객체 혹은 모듈러 정의가 합쳐져서 지능형 에이전트의 패러다임이 완성되었다. 지능형 에이전트 시스템은 환경을 인식하고 인간의 지능을 넘어 모든 종류의 지능 연구를 추구하면서 연구자들에게 특정 문제들에 관해 연구하고, 다양하고 유용한 해결법을 찾는 것을 가능하게 하였다.

1997년 5월, IBM이 개발한 딥블루는 당시 세계 체스 챔피언이었던 카스파로프를 이긴 최초의 체스 플레이 컴퓨터가 되었다. 2005년 스탠퍼드 대학이 만든 로봇은 미 국방연구처 주관 그랜드 챌린지에서 사막 도로 131마일을 자동으로 운전하여 우승하였으며, 2년 뒤, 도시 챌린지에서 모든 교통 법규를 지키고 교통 혼잡 속에서 자동으로 55마일을 달렸다. 2011년 「제퍼디」퀴즈쇼에서 IBM의 왓슨은 루터와 제닝스 두 명의 뛰어난 제퍼디 챔피언들을 패배시켰다. 이러한 성공은 혁신적인 새로운 패러다임 때문이 아니라 뛰어난 성능을 가진 컴퓨터에서 비롯된 것이다. 딥블루 컴퓨터는 1951년 크리스토퍼가 체스 하는 법을 가르친 '마크1'보다 1천만 배 빨랐다.

AI 연구자들은 과거보다 더욱 정교한 수학적 도구를 사용하여 개발하기 시작했다. 수학, 경제학 또는 OR 등의 연구분야에서 AI를 응용하였다. AI 연구자들에 의해 최초로 개발된 알고리즘은 거대한 시스템 일부로 나타나기 시작했으며, AI는 데이터 마이닝, 산업 로봇공학, 논리학, 음성 인식, 은행 소프트웨어, 의학적 진단, 구글 검색 엔진 등에서 매우 유연하다는 것이 증명되었다.

2000년대 접어들어 캐나다 토론토대학 교수 제프리 힌튼이 '딥러닝'을 개발하면서 AI 응용 프로그램은 다방면으로 광범위하게 응용되었다. 딥러닝이란 인공 신경망 구조를 사용하여 컴퓨터가 학습할 수 있는 알고리즘을 개발하여 일정한 패턴을 찾아내어 학습하는 것을 말한다. 2014년 구글에서 인수한 AI 벤처기업 딥마인드는 2015년 바둑 AI 지능 알파고 리를 개발하여 이세돌을 격파하였으며, 이어서 알파고 마스터, 알파고 제로를 연이어 개발하여 바둑계에서 이미 인간지능을 초월한 강인공지능이 구현되었다. 또한, 음성 인식과 시각 인식 AI를 응용하여 AI 비서, AI 스피커, 명화 복사, 기사 작성 등 여러 분야에서 연구성과를 보여주었다. 최근에는 빅데이터 기반 기계학습 소프트웨어 플랫폼이 제공되고 있다.

〈 표 2-7 〉 AI 사례

| 년도 | AI | 발명가 | 내용 |
|---|---|---|---|
| 2015 | Lattice Data<br>Next Rembrandt<br>Face Net<br>Face++ | Stanford<br>MS, ING<br>R.Kurzweil<br>Google<br>Megvii | 빅데이터 스타트업<br>머신러닝으로 화가 램프<br>란드 작품재연<br>딥러닝 기반의 AI 얼굴<br>인식<br>중국 스타트업, 딥러닝<br>AI 얼굴인식 |
| 2015<br>2016 | AlphaGo Lee<br>AlphaGo Master<br>AlphaGo Zero | Deep Mind | AI 바둑 프로그램 |
| 2016 | Ross | IBM, ROSS<br>Intelligence | IBM 왓슨 기반의 세계<br>최초 AI 변호사 |
| 2017 | Neuralink<br>로봇기자<br>Airbnb<br>Home-Sharing | E.Musk<br>AP통신<br>Airbnb | 인간의 뇌에 AI, 컴퓨터<br>연결 스타트업<br>기사작성<br>머신러닝 기법을 토대로<br>한 게스트-호스트 매칭<br>시스템 |
| 2018 | AI 무인진료소 | 핑안하오이성<br>(平安好医生) | AI 및 빅데이터 응용, AI<br>의사의 초기진단 |
| 2019 | Lunit INSIGHT | Lunit | 한국스타트업, AI 딥러<br>닝 영상분석 솔루션 |
| 2020 | Heathcare Bot | Ms | AI 챗봇 기반으로 코로<br>나19 정보 응대 및 제공 |

# 3부

# 국부론

# ♦ 근세의 문이 열리며

고대 서로마 제국이 붕괴한 476년부터 동로마 제국이 멸망한 1453년까지 약 천 년간이 통상적으로 중세로 분류되고 있다. 고대 그리스·로마의 찬란했던 학문적 유산과 기술, 지식은 중세 서구 문명으로 계승되지 못하였다. 12세기 중세의 르네상스 시기도 있었으나 중세의 역사는 학자에 따라 어둠의 역사로 불리기도 한다. 중세가 마감되는 15세기 후반부터 이탈리아에서 일어난 문예 부흥운동인 르네상스를 시작으로 근세의 문이 열리게 된다. 앞장에서 살펴본 것처럼 르네상스, 신대륙의 발견, 종교혁명이라는 역사적 전환점을 배경으로 진행된 과학혁명은 중세와 확연히 구별되는 새로운 시대, 근세가 시작되게 하였다. (<표3-1> 참조)

〈표 3-1〉 근세의 시작과 끝

중 세        근 세

| | 1500~ | 1600 ~ 1800 | 1800~ |
|---|---|---|---|
| 게르만족 대이동 (372)<br>서로마제국 멸망 (476)<br>십자군원정 (1095~1290) | 동로마제국 멸망 (1453)<br>이탈리아 르네상스<br>구텐베르크 활판인 쇄술(1460)<br>대항해시대의 개막 (1492)<br>마르틴 루터종교개 혁(1517)<br>코페르니쿠스 (1543)『천구의 회전 에 관하여』<br>⇒과학혁명의 시작 | 프랜시스베이컨 (1561~1626)<br>데카르트 (1596~1650)<br>존로크 (1632~1704)<br>뉴턴(1687)『자연철 학의 수학적 원리』<br>영국 명예혁명 (1688)<br>볼테르 (1694~1778)<br>미국독립선언 (1776)<br>애덤 스미스 『국부 론』(1776)<br>루소 사회계약론 (1778)<br>프랑스 혁명(1789) | 미국 골드러쉬 (1848)<br>공산당선언(1848)<br>다윈(1859)『종의 기 원』<br>이탈리아 건국 (1861)<br>독일제국 탄생 (1871) |

과학혁명을 완성한 뉴턴의 역학이론은 과학을 넘어 18세기 유럽에서 철학과 사상 전반에 걸쳐 많은 영향을 주었다. 뉴턴 과학이 가설이나 독단을 사용하지 않고 수학적, 합리적, 경험적, 실험적인 방법을 사용하여 정립됨으로써 다른 분야에서도 유사한

방법론이 응용된 것이다. 당시 철학자, 사상가, 그리고 문인들도 형이상학적이고 독단적인 논의를 배격하고, 합리적이고 경험적인 면을 강조하게 되었으며, 이러한 사상이 계몽주의로 발전하게 되었다.

르네상스와 종교개혁을 거치면서 중세의 종교적 속박에서 벗어나서 인간과 이성 중심 사상으로 설명되는 계몽주의는 프랑스와 영국에서 발전하였으며, 시민혁명과 사회개혁, 그리고 민주주의 탄생의 사상적 배경이 되었다.

영국의 존 로크와 제레미 벤담, 프랑스의 몽테스키외 볼테르, 독일의 임마누엘 칸트, 미국의 토머스 제퍼슨은 계몽주의 사상을 발전시켜 시민이 주축이 되는 민주주의 발전의 원동력이 되게 하였다. 계몽주의의 주제는 신이 아닌 인간의 우월성, 인간의 자유와 진보, 종교의 자유와 관용, 그리고 평등이라고 볼 수 있다. 이성에 의해 낡은 제도는 시정하고 이러한 이념을 실천함으로써, 사회의 무지를 타파하고 사회를 개혁하여 인류의 진보와 행복한 세계를 만들 수 있다는 계몽주의 특유의 낙관론을 펼쳤으

Charles–Louis de
Secondat, Baron
de La Brède et
de Montesquieu
(1689~1755)

며, 무엇보다도 교육의 중요성을 강조하였다.

18세기 영국 스코틀랜드의 에든버러, 글래스고, 애버딘의 대학교를 중심으로 활동했던 일군의 학자들을 스코틀랜드 계몽주의 학파로 일컫고 있다. 특별히 타지역의 계몽주의 학자들과 구별되는 선명한 차이점은 없었으며, 베이컨과 뉴턴의 지적유산을 받아들이면서 자연법 철학의 전통을 계승하였다.

프랜시스 허치슨은 스코틀랜드 계몽주의의 창시자라 불리며 데이비드 흄, 제임스 스튜어트, 애덤 스미스 등이 소속되어 있다. 이들의 주요 연구과제는 항구적이고 보편적인 인간의 본성과 환경 변화, 그리고 새로운 상황과 인간의 행동에 관한 것이다. 애덤 스미스의 『도덕감정론』과 『국부론』도 스코틀랜드 계몽주의의 도덕철학을 기초로 하여 탄생한 작품이라 볼 수 있다.

# ♦ 도덕감정론*

* 심선아(2015)를 수정,
요약함.

Adam Smith
(1723~1790)

1723년 영국 스코틀랜드 항구 도시 커콜디에서 태어난 애덤 스미스는 열네 살에 글래스고 대학에 진학하였고, 열일곱 살에 옥스퍼드 발리옹컬리지에 들어가 6년간 신학, 법학, 철학 윤리학을 공부한 수재이다. 28세의 나이에 글래스고 대학 논리학과 교수로 임용되어 1759년『도덕감정론』을 출간하고, 17년 후인 1776년『국부론』을 발간함으로써 철학자 애덤 스미스가 경제학자 애덤 스미스로 거듭나게 되었다. 경제학을 배운 적도, 가르친 적도 없던 애덤 스미스는『국부론』을 발표하고 영국 최초의 경제학자가 되었다.

몽상가로 불리던 젊은 시절 기이한 행동을 한 일

화들이 많다. 한밤중에 일어나 무의식중에 16마일을 걸은 이야기, 글래스고를 방문한 하원의원을 피혁공장에 안내하면서 이야기 도중 하수구에 빠진 이야기 등등 괴짜였던 애덤 스미스는 말년에 스코틀랜드 세관장을 역임하였으며, 평생을 독신으로 살았다. 그러나 그는 매우 능변이었고, 현실주의자로서 정치가, 은행가, 그리고 상인들과 많은 교류를 하면서 시장을 알아가고 있었다.

1764년~1766년 기간에 애덤 스미스는 버클루 공작의 가정교사가 되어 프랑스를 여행하면서『국부론』을 구상하고 집필하기 시작하였다. 미국이 독립을 선언한 1776년 출간되어『국부론』이 경제학의 독립선언이라고도 비유되었으며, 6개월 만에 초판이 매진되는 성공을 거두었다. 먼저『도덕감정론』을 검토하고『국부론』의 주요 내용을 살펴보고자 한다.

애덤 스미스는 1751년부터 글래스고 대학에서 약 12년간 도덕철학을 강의하였다. 그의 강의 내용은 크게 4부로 구성되어 있었다.

제1부의 주제는 자연신학으로 신의 존재에 대한

증명, 신의 여러 가지 특성들, 종교가 존재하게 된 인간의 심성원리 등이 주된 내용이었다.

1부의 내용은 소실되어 현재 기록으로 전해지는 것은 없다.

제2부의 중심내용은 윤리학으로 그 내용이 집약된 책이 『도덕감정론』이다. 이 책은 당시 봉건적 종교적 질서에서 탈피하고 근대사회로 이행하던 유럽에서 사회의 질서와 조화, 그리고 이를 가능케 하는 인간의 본성과 원리를 담은 책이다.


당시 영국에선 이러한 주제에 대한 두 가지 흐름이 있었다.

하나는 사회질서의 원리를 인간의 이성으로 파악하는 플라톤 학파였고, 다른 하나는 도덕감각을 그 원리로 본 스코틀랜드 학파가 있었다. 스미스는 스코틀랜드 학파의 도덕감각에 의해 큰 영향을 받았으나, 『도덕감정론』에서 도덕감각에 대한 내용을 기존 학파들과 다르게 주장한다. 스코틀랜드 학파의 샤프츠베리와 스미스의 철학 스승 허치슨은 도덕감정의 기초를 이타심으로 보았으나, 스미스는 그것을 동감(sympathy)으로 파악하였다.

이 책의 주장에 따르면 인간은 상호감정을 일치하려는 노력을 보이며, 이런 경험들의 축적과정 속에 인간 행위의 적정성 여부를 판단하기 위한 보편타당한 사회적 가치판단 기준이 형성된다. 또한, 이타심뿐만 아니라 이기심 역시 공감의 원리에 의해 조절된다면 개인과 사회의 발전을 도울 수 있다고 보았다. 『도덕감정론』은 애덤 스미스에게 학계에서 확고한 위치와 명성을 얻게 하였으며, 5년 후 발간된 『국부론』을 저술하는 데 기본적인 철학과 사상의 밑받침이 되었다.

## 천성과 동감

스미스는 인간이 이기심을 가진 동시에 천성을 가진 존재라고 파악한다. 여기서 말하는 천성이란 타인에 대한 관심으로 연민, 동정심 등이 이에 해당한다. 천성은 상상, 관념적인 형태로 존재하고 있으

며, 동류의식의 근원이 되는 인간의 본성으로서 개인은 타인의 감정에 대해 '동감'할 수 있다.

동감은 타인의 격정을 야기한 상황을 의식함으로써 그 격정을 자신의 상속으로 옮겨 같은 격정을 느끼는 행위로서, 타인의 격정을 단지 상상만으로 느끼는 것이므로 당사자의 그것과 완전히 일치할 수는 없다. 그러나 동감은 타인의 행동과 격정을 판단 가능게 하는 중요한 역할을 수행한다. 이를 통해 방관자는 그것이 적정한 것인가를 판단해 당사자의 격정을 시인 또는 부인한다. 만일 방관자가 타인의 격정을 부적정한 것으로 판단해 부인한다면 동감은 발생할 수 없다. 즉, 동감은 타인의 격정을 판단하는 수단이며 당사자의 행위의 적정성을 평가한다.

스미스는 동감을 도덕감정의 중요한 원천으로 파악하였으며, 동감을 위해선 상대방의 입장을 배려하고 이해하는 자세가 필요하다고 주장하였다.

## 정의와 자혜

자혜란 자애롭게 베푸는 은혜를 의미한다. 이때, 시혜자는 은혜를 베푸는 행동을 순전히 자신의 판단에 따라 결정하므로 자혜는 지원적으로 이뤄지는 행위라 볼 수 있다. 그런데 자혜의 경우 은혜를 받는 수혜자가 훗날 자신에게 은혜를 베풀었던 사람을 돕지 않는다고 해서 그를 처벌할 수 없다.

자혜는 강제성 없이 자발적으로 이뤄진 행위이기 때문이다. 물론, 이전의 수혜자가 부도덕한 인간이라고 비난받더라도 그를 법적으로 처벌할 근거는 어디에도 없다. 이러한 관점에서 볼 때 자혜란 도덕적 차원의 원리이며, 소극적 성격을 띤다고 볼 수 있다.

정의는 이와 반대의 성격을 지닌다. 스미스가 생각하는 정의란 한 개인이 타인의 재산권, 생명권과 같은 권리를 침해할 때 처벌하는 것이다. 처벌이란 것은 필연적으로 강제적인 성격을 가지며, 사회문제의 해결을 위한 구체적인 수단이다. 따라서 정의는 현실적 차원의 원리이며 적극성을 띤다고 할 수 있다.

강제력의 존재는 다른 소극적 미덕과는 다른 정의만의 고유한 차이점이다.

스미스의 이러한 정의관에는 인간은 사회적 동물이라는 당연한 전제가 깔려있다. 이는 다시말해, 인간은 서로를 도울 수 있는 동시에 해칠 수도 있는 존재라는 의미이다. 특히 생명, 재산권, 권리의 침해를 가장 큰 해악으로 보았다.

그는 사회라는 체계는 사랑 즉 우호적 감정이 없어도 존속할 수 있지만, 침해가 많을 시 필연적으로 붕괴한다고 보았다. 즉, 정의가 없는 사회는 필연적으로 멸망할 수밖에 없다. 따라서 정의는 사회를 유지하는 기초질서이자 근간이며, 스미스는 정의는 모든 것의 기둥이라는 그의 생각을 분명히 드러내고 있다.

## 이기심과 양심

인간은 천성을 가졌으며 이기적·원시적인 격정도 가지고 있다. 이기심의 원리하에서 인간은 자신의 극히 작은 이해관계를 타인의 이해관계보다 훨씬 중요하게 생각하는 경향이 있다. 이에 대해 스미스는  이기심을 야비하며 소극적인 감정으로 규정하며, 반대로 천성을 관대하고 고귀한 것으로 파악한다. '인간의 심성엔 이기심과 천성이 공존하는데 어떻게 이기심을 억제하며 천성을 이끌어냄으로서 미덕을 실현할 수 있는가? 무엇이 자기희생을 가능케 하는가?' 스미스는 이에 대한 답으로 양심을 제시한다.

양심으로 인해 우리는 자신의 이익을 타인의 이익에 우선할 수 없으며, 타인의 이익에 대하여 침해하지 않을 수 있다. 그것은 천성에 반하는 행위이기 때문이다. 오직 양심을 따를 때만 우리의 행동원칙들은 적정성이 확보된다.

스미스는 현실적으로 인간이 자신의 행위의 적정성 여부에 대해 갖는 견해는 공정할 수 없고 스스로에게 공정한 관찰자가 되기 힘들다고 보았으며,

이런 이유로 인간은 자기기만의 함정에 빠지기 쉽다. 스미스는 이런 함정을 피하기 위해 일반준칙이라는 대안을 제시한다. 일반준칙은 어떤 행동들의 시인과 부인에 대한 경험적인 형성을 기초로 한다. 이런 일반준칙이 마음속에 자리 잡게 되면 인간은 자신의 행동을 반성하고 이를 준수하게 되며, 의무감이 형성되어 자신의 책무를 이행할 때 실패하지 않는다고 보았다.

## 효용

효용은 사물과 체계의 적정성을 부여하여 인간을 즐겁게 하는 것이다. 사람들은 효용을 주는 것을 좋아하는데 소유자에게 즐거움과 편리함을 제공함으로써 만족과 향유, 즉 행복의 원천을 제공한다고 여기기 때문이다. 스미스는 효용을 주는 것들이 원래의 목적보다 효용 그 자체로 높게 평가되는 경우가 있다고 주장하며, 사소한 효용을 위해 더 큰 대

가인 육체적·정신적 고통을 지불하는 경우도 발생
한다고 본다.

노동의 결과물은 '보이지 않는 손'에 의해 사회에
분배되며 무의식적으로 사회의 이익을 증가시킨다.
정연한 질서에 대한 선호는 공공복지의 도입을 도
울 수 있으며, 정부와 사회는 개인들의 노력으로 조
화롭게 발전할 수 있다. 정부의 진정한 효용은 기관
의 기능을 다 하는 것이며, 국민들의 생활과 행복
을 증진시킬 때 효용과 미덕이 달성된다.

개인에겐 효용을 달성할 수 있는 유용한 특성들
이 존재하는데, 고급 이성, 자기제어, 관용이 그것
이다. 고급 이성은 오성이라 불리기도 하고 미래에
대한 결과를 통찰하며, 그로 인해 발생할 이득 및
손해를 예견할 수 있게 한다. 관용은 이해관계를
타인의 시점에서 고찰하는 것으로 공익정신의 기초
가 된다. 이러한 특성들을 통해 개인의 적정성을 시
인할 수 있으며 개인의 효용을 달성할 수 있다.

# ♦ 국부론의 주요 내용

　　『국부론』의 원제목은 『국부의 성격과 원인에 관한 질의(An Inquiry into the Nature and Causes of the Wealth of Nations)』이며, 1776년에 초판이 발간되고 1784년에 제3판에서 개정 보완되었으며 제5판까지 나왔다.

　　『국부론』은 모두 5편 32장으로 구성되었다. 제1편은 노동생산력을 향상시키는 분업과 상품가격, 그리고 분배되는 질서로서 노동의 임금, 자본의 이윤, 토지의 지대, 그리고 상품의 가격에 관하여 설명하였다. 제2편은 자본의 성질과 축적, 그리고 사용에 관하여, 제3편은 중세시대 농업과 도시의 상업이 국부증진에 기여한 과정을 담고 있다. 제4편은 정치경제학의 학설체계로서 중상주의와 중농주의를 다루고 있으며, 제5편에서는 국가의 재정에 관한 이론으로, 공공지출과 공공수입으로서 조세와 공채에 대하여 검토하였다.


## 중상주의와 중농주의

중상주의는 15세기부터 18세기에 이르기까지 서구 유럽의 경제정책을 설명하는 학설체계를 말한다. 중상주의라는 단어는 애덤 스미스의『국부론』에서 널리 알려지게 되었다고 한다.『국부론』의 제4편에서 정치경제학의 학설체계로 중상주의와 중농주의를 소개하고 있으며, 특히 중상주의에 대해서는 매우 상세하게 기술하고 있다.

스미스는 중상주의 원리를 무역차액으로 설명하였다. 그 당시에는 부와 화폐가 동의어로 간주되어 부를 축적하는 것이 국부의 원천이 된 것이며, 수입보다 수출을 늘려 발생하는 무역차액은 금, 은으로 결제받게 되어 본국의 금, 은 양이 증가하여 국부가 증가하게 된다고 본 것이다. 중상주의의 주요 정책 수단으로 두 가지의 수입제한과 네 가지 수출장려 방안이 있다. 국내생산이 가능한 소비재와 무역수지가 불리할 것으로 생각하는 교역상대국에서 수입되는 모든 재화에 대하여 관세를 부과하고 수입을 제한하거나 금지하는 조치이다. 네 가지 수출장려 방법은 수출 상품에 대한 세금이나 소비세를 환급하는 방안, 특정 상품에 대한 수출장려금 지급, 특정 국가와의 유리한 통상조약, 그리고 마지막으로 식민지 건설에 따른 유리한 수출조건, 즉 수출특전이나 독점권을 부여하는 방안이다.

스미스는 먼저 두 가지 수입제한 방안에 대해서 매우 장황하게, 그리고 상세하게 조목조목 이해득실을 설명하였다. 고율의 관세와 수입금지 조치는

상인과 제조업자만이 많은 이익을 얻는다고 보았다. 특정국에 대한 수입제한 방안 역시 전혀 이득이 되지 못하며 무역차액에 대한 학설의 정당성을 전적으로 부인하였다. 스미스는 무역이 자유로운 국가들이 부유해졌으며, 무역의 자유화를 적극적으로 옹호하면서 점진적으로 추진할 것을 제안하였다.

수출 증진 방안으로 채택되었던 수출장려금에 대해서 산업 생산을 왜곡한다고 보았으며, 영국의 곡물법에서 채택되었던 고율 관세로 인한 수입제한이나 곡물 장려금에 대해서도 비관적인 태도를 보였다. 무역수지 흑자를 위해서 특정국가와 체결되는 통상조약은 의도와는 다르게 통상조약의 혜택을 받는 나라는 유리하지만 혜택을 베푸는 나라는 불리하다고 보았다. 수출장려의 마지막 방안인 식민지 정책에 대해서 스미스는 국가별로 역사적인 사실을 열거하면서 매우 상세하게 그 득실을 설명하였다. 로마 시대부터 시작된 서유럽의 식민지 정책은 포르투갈, 스페인, 영국, 네덜란드, 프랑스, 덴마크, 스웨덴 등등의 국가들로 이어져 왔다. 포르투갈과

스페인, 프랑스는 식민지 무역 정책이 폭압적이었는데 반하여, 영국은 관대하고 억압적이지 않았으며, 아메리카와 서인도 식민지 사이에는 자유무역이 이루어졌다고 한다. 식민지 무역은 무역의 긍정적인 효과가 식민지 무역의 주종을 이룬 독점의 부정적인 효과를 상쇄하고도 이익이 되었으며, 15세기부터 18세기까지 지속된 서유럽의 번영을 가져온 중요한 단서를 제공하였다고 보았다.

그러나 유럽의 식민지 정책은 식민지의 번영에 공헌한 것이 전혀 없다고 결론짓고 있다. 그리고 중상주의의 다양한 무역 정책은 자원배분을 교란하고 왜곡했다고 보며 식민지 무역의 동력이 되었던 독점은 유해하고 파괴적인 것으로 평가하였다. 스미스는 중상주의체계는 상인과 제조업자가 고안자라고 보았으며, 따라서 공업과 상업의 목적이 소비자가 아니라 생산자라고 하였다. 그러나 중상주의의 실제 고안자는 절대왕정체제의 정부였으며, 이와 결탁한 정객과 상인들로 보아야 할 것이다. 중상주의는 19세기 이후 서구 민주국가들이 자리하면서 보호무역주의로 변신하게 되며, 관세와 비관세 장벽의 수입제한조치, 각종 수출장려정책, 유치산업 보호론, 산업정책 등 중상주의 체제에서 익숙했던 정책들이 계속 등장하게 된다.

중농주의는 『국부론』이 출간되기 약 10년 전인 1756년경부터 프랑스에서 최초로 조직된 경제학자들에 의해 학파로 발전된 경제학설이다. 대표학자는 궁정의 시의였던 프랑수아 케네이다. 중농주의가 발전하게 된 배경에는 루이 14세 시기 재무상이었던 아티스트 콜베르가 상업과 제조업 도시 위주의 중상주의 정책을 시행함에 따라 농업국가였던 프랑스의 농업 부분이 황폐해진 데 있다고 본다.

Louis XIV (1638~1715)

중농주의는 토지생산물을 국부의 원천으로 보고 농업만이 순소득을 낳는 생산적인 산업이며, 상업과 제조업은 비생산적인 부분으로 간주하였다. 중농주의 체계에는 토지소유자, 경작자, 제조업자 및 상인과 같은 세 계급이 있으며, 농업자본이 경제성장의 열쇠가 되었다. 케네는 1758년 출간한 『경제표』에서 지주, 농부, 장인의 세 계급 사이에서 화폐와 재화가 어떻게 순환되고 분배되는지 보여주고, 경제가 작동하기 위한 조건들을 설명하였다. 국가는 시장과 소득의 자유로운 흐름을 침해해서는 안 되며, 과도한 과세와 인위적인 개입, 가격억제 등의 정부정책은 유해하며 폐기되어야 한다고 했다. 그리고 완전한 자유, 완전한 정의에 의해 경제가 번영한다고 보았다.

스미스는 농업만이 생산적이고 제조업과 상업을 비생산적으로 보는 이론에 대해서는 오류라고 지적하였다. 그러나 국부가 화폐라는 귀금속의 축적이 아니고, 노동에 의해 매년 생산되는 소비 가능한 재화로 구성된다는 것, 그리고 자유로운 시장, 자유로운 무역을 추구하는 중농주의 기조에 대해서 높이 평가하였으며, 『국부론』의 저술에도 많은 영향을 받았다. 케네의 『경제표』에 대해서는 당시 프랑스의 저명한 학자인 마라보가 인류의 정치 사회안정에 기여한 3대 발명품으로 문자, 화폐와 함께 경제표를 선정했다고 인용하면서 간접적으로 높게 평가하고 있다.

## 국부의 원천과 증진과정

애덤 스미스는 국부란 국민이 연간 소비하는 생활필수품과 편의품이며, 연간 노동의 직접 생산물과 이 생산물과의 교환으로 다른 나라로부터 구매해온 생산물로 구성되어 있다고 본다. 그리고 연간 생산물은 노동, 자본, 토지의 3대 생산요소에 의해 생산되고, 노동에 대한 임금, 자본에 대한 이윤, 그리고 토지에 대한 지대로 과부족이 없이 분배된다고 보았다.

스미스는 국부의 원천과 증진과정에 대하여 세 가지 측면에서, 즉 노동과 토지(제1편), 자본(제2편), 국가의 경제정책과 정치경제학의 학설체계(제3, 4편)로 설명하였다.

## 노 동

생산활동의 핵심은 국민의 노동력이며, 노동생산

력을 최대로 개선, 증진시키는 것은, 그리고 노동을
할 때 발휘되는 대부분의 기능, 숙련, 판단은 분업
의 결과로 보았다. 분업의 이익은 첫째, 전업으로 인
하여 노동자의 숙련도가 높아지고, 둘째, 다른 일로
옮길 때 허비하게 되는 시간이 절약되고, 셋째, 노
동을 쉽고 단순하게 해주는 기계의 발명으로 한 사
람이 많은 사람의 일을 할 수 있게 해준다. 모든 기
계의 발명이 분업으로부터 유래된다고 보았다.

　스미스의 분업에 대한 이해는 단순히 제조업 공정
에 머물지 않고 시장경제 전반에 걸친 경제이론으
로 발전하여 경제활동과 교환경제, 화폐이론과 가
격론, 그리고 분배이론으로 확대하어 설명하고 있
다. 스미스는 경제활동이 인간들이 보편적으로 가
지고 있는 교환성향에 의해 야기된다고 보았다. 우
리는 각자가 서로 필요로 하는 것을 교환, 즉 시장
에서 거래를 통하여 얻게 된다.


　"우리가 매일 식사를 마련할 수 있는 것은 푸줏간
주인과 양조장 주인, 그리고 빵집 주인의 자비심 때
문이 아니라, 그들 자신의 이익을 위한 그들의 고려

때문이다. 우리는 그들의 자비심에 호소하지 않고, 그들의 자애심에 호소하며, 그들에게 우리 자신의 필요를 말하지 않고, 그들 자신에게 유리함을 말한다."

따라서 교환성향은 개인의 이기심에서 출발하여 분업을 야기시킨다고 보았다. 시장에서 이루어지는 교환, 즉 거래가 가능하다는 사실은 사회구성원 각자가 자기가 가지고 있는 재능과 자질을 개발하고 완벽하게 만들 수 있도록 장려한다고 볼 수 있다. 선천적-후천적 재능의 차이는 다양한 직업군을 형성하고 분업이 이루어지게 하며, 이러한 차이는 교환성향에 의해 시장에서 유용하게 만들어진다고 보았다.

시장에서 상인들이 각자의 이익을 위하여 각자 잘할 수 있는 일에 종사하며 빵과 술을 만들고 고기를 파는 것은 상행위의 분업으로서, 분업은 돈을 벌겠다는 이기심으로 출발하여 인간의 교환성향으로 시장을 형성케 한다.

분업은 시장을 만들지만 반대로 시장의 크기에

의해 제한을 받기도 한다. 시장이 크지 않으면 분업에 의한 대량생산이 불가능하게 되며 교환경제가 이루어질 수 없게 된다. 따라서 인구증가와 도시화로 시장이 형성됨으로써 비로소 분업이 가능해진다고 볼 수 있다. 수상과 육상의 교통수단 발달은 시장을 확대하는 직접적인 동인이 되었으며, 분업이론은 추후 국제교역의 바탕이 된 비교우위론으로 발전하게 된다.

## 자 본

국부의 원천이 되고 국부를 증대시키는 두 번째 요소는 자본이다.

자본은 분업에 의해서 결정되는 산업 분야별로 축적된다고 보며, 분업의 진전에 따라 노동자 수가 증가하고 더욱 세분화된다고 하였다. 그러므로 어느 나라에서나 노동량은 노동을 고용하는 자본의 증가와 함께 증가하며, 자본 증가의 결과 동일한 노

동량은 더 많은 생산량을 생산할 수 있게 된다.

자본은 유동자본과 고정자본으로 구분된다.

유동자본은 상품을 제조, 판매, 유통하는 데 필요한 것으로, 계속해서 교환이나 유통을 통해서 이윤을 가져다주며 운전자본이라고 볼 수 있다. 고정자본은 토지의 구입, 개량에 사용되거나 생산설비, 도구, 건물의 구매에 사용되며, 유통하지 않고 수입이나 이윤을 가져다주는 자본이다.

고정자본에는 다음과 같은 네 종류가 포함된다. 첫째, 노동을 쉽게 하거나 단축시키는 기계와 생산도구, 둘째, 점포, 창고, 공장 등 건물과 부속시설로써 생산도구가 되는 건물, 셋째, 토지의 구입, 개간, 배수 등 수익성을 높일 수 있는 자본, 넷째, 모든 주민이나 사회구성원이 습득한 유능한 재능으로써 교육, 학습, 견습, 훈련 등에 투입한 자본으로 구성된다. 여기서 네 번째 자본은 제4부에서 설명되는 인적자본으로서, 애덤 스미스의 선구자적인 혜안이 돋보이는 대목이다.

그리고 업종에 따라서 고정자본과 유동자본의 비율은 다르다. 예를 들어, 상인의 자본은 모두 유동자본이며, 제철공장과 같은 제조업은 막대한 고정자본을 필요로 한다. 고정자본은 노동력의 생산성을 증가시켜 동일한 노동량으로 훨씬 많은 작업량을 얻도록 한다. "자본의 증가와 감소에 따라 현실적인 노동량, 생산적 노동자의 수, 토지, 노동의 연간 생산물의 교환가치, 모든 주민의 진정한 부와 수입이 증가하거나 감소한다."

한 개인의 자본은 그가 부지런히 일하여 얻은 수입과 이득 중에서 절약하여 저축함으로써 증가하며, 사회 전체의 자본 역시 동일한 방식으로 증가한다고 설명하고 있다. 절약은 자본을 증가시켜 생산적 노동자, 즉 고용을 늘리고 연간 생산물의 교환가치를 증가시킨다. 국부를 증가시키기 위해서는 자본의 증가가 필수적이라고 할 수 있다.

노동에는 생산적 노동과 비생산적 노동이 있다. 생산적 노동이란 노동의 대상이 되는 상품의 가치를 증가시키는 노동을 말하며, 비생산적 노동은 그런 효과가 있지 않는 노동을 말한다. 예를 들어, 공장 제조공의 노동은 원료가치에 노동임금과 고용주의 이윤을 추가하여 가치를 증진시키지만, 하인의 노동은 아무런 가치도 부가하지 못한다. 제조공에게 지급된 임금은 상품이 판매되면서 이윤과 함께 회수되지만, 하인에게 지급된 보수는 회수되지 않는다. 연간 생산물 중 일부분은 자본을 보충하고 잔여분은 이윤 및 지대로 지급된다. 여기서 자본을 보충하는 부분은 생산적 노동자의 고용에 사용되므로, 생산적 노동자의 비율은 자본의 크기에 의해 결정되며 자본의 증감은 그 나라의 연간 생산물을 증감시킨다. 개인과 국가의 자본은 연간 수입과 이득 중에서 절약하여 증가하게 되며, 증가한 자본은 생산적 노동자 수, 즉 고용과 연간 생산물의 교환가치를 증가시킨다. 국가의 생산물을 증가시키기 위해서는 자본의 증가가 선행되어야 한다. 따라서 낭비는, 특히 공적인 낭비는 공공사회의 적이며 자본의 잘못된 사용은 낭비와 같다.

# 토 지

토지는 제1편에서 노동생산물이 지주에 대해 분배되는 지대를 중심으로 기술되고 있다. 지대는 토지의 사용에 대한 가격이기 때문에 독점가격으로 보았으며, 임금과 이윤은 상품가격을 결정하는 요소가 되나, 지대는 상품가격의 결과로 결정된다고 하는 이해하기 힘든 정의를 내리고 있다. 왜냐하면, 지대는 당연히 상품가격의 구성요소가 되기 때문에 경쟁시장에서 결정되는 가격이 상품원가를 미치지 못할 때에는 상품생산을 할 수 없거나 생산될 경우 적자를 보게 되며 지대를 지급할 수 없게 된다. 지대가 토지의 비옥도와 위치에 따라서 달라진다는 설명은 차후 리카도에 의해 차액지대설과 비교생산비론, 그리고 수확체감이론으로 발전하게 된다. 스미스는 지대에 영향을 미치는 상대가격으로 금, 은 등 귀금속 가격, 천연생산물과 공산품 가격의 변동에 관하여 상세히 설명하고 있다. 지대를 인상시키는 요인으로 사회진보, 토지계량 및 확대, 천연생산물의 가격상승, 제조업의 기술개발, 유용노동량의

증가 등을 지적하였다.

　스미스는 토지의 국부 창출에 대해서는 언급하고 있지 않다. 이와 대조적으로 아일랜드 출신으로 프랑스에서 활동하였던 리처드 캉티용은 토지가 모든 부의 원천이며 노동은 그것을 생산하는 형식에 지나지 않는다고 보았다. 노동은 토지의 양에 따라 가치화된다고 보는 토지가치설을 피력하였다. 그리고 지주 외의 모든 계급은 지주의 희생으로 부양된다고 보며 지주가 자원배분을 결정하고 재화의 가치를 정한다고 보았다. 이와 같은 캉티용의 이론은 스미스의 노동가치설과 대조되어서 여기에 간단히 소개하였다.

## 자유방임주의

　국부를 증대시키기 위해서는 분업과 자본축적을 통해서 노동생산성을 증가시키며, 동시에 국가 경제정책의 운용 기조로써 자유방임주의를 내세우고 있다. 국가의 강력한 통제와 규제로 수출을 장려하고 수입을 억제하며, 무역차액으로 얻어진 귀금속을 국부로 보는 중상주의 입장을 비판하였다. 국부의 원천을 매년 노동에 의해 생산되는 소비재로 보고, 완전한 자유가 해마다 재생산되는 재화를 극대화하는 유일한 효과적 수단으로 보는 중농주의 사상을 이어받고 있다.

애덤 스미스는 이러한 자유주의 사상을 '보이지 않는 손'으로 비유하면서 다음과 같이 설명하였다.

"…각 개인이… 다른 많은 경우에서처럼 '보이지 않는 손'에 이끌려서 그가 전혀 의도하지 않았던 목적을 달성하게 된다…. 그가 자신의 이익을 추구함으로… 그 자신이 진심으로 사회의 이익을 증진시키려고 의도하는 경우보다 더욱 효과적으로 그것을 증진시킨다."

스미스의 자유방임주의는 자연법사상을 발전시킨 도덕감정론에 바탕을 두고 있다. 인간은 이성이 있으며 선과 악을 구별하는 본성을 갖고 태어나서 실정법이 없이도 이상 사회를 실현할 수 있다고 보는 자연법사상을 스미스는 도덕감정론으로 발전시켰다. 즉, 인간은 본능적으로 혹은 선천적으로 상호 간 동감을 얻을 수 있는, 서로 이해할 수 있는 행동을 한다고 보았다.

동감을 얻을 수 있는 행동이란 이성적인, 그리고 합리적인 도덕적 행위를 의미한다. 따라서 빵집 주인이나 푸줏간 집주인이 이기적으로 자기 이익을 취하는 상행위를 하지만, 그리고 정부는 그 역할을 국방이나 치안에 한정하고 자유로운 상행위, 자유로운 시장, 자유로운 무역을 조성하지만, 이것은 방종이 아니라 엄격한 규율과 도덕적 가치를 기본으로 하는 절제된 자유로 해석해야 할 것이다.

요약하면, 국부란 국민과 정부가 누리고 향유하

는 소득과 소비이다. 노동, 자본, 토지(생산의 3대 요소)는 생산활동에 투입(생산국민소득)되어 임금, 이윤, 지대(분배국민소득)로 소득 배분이 이루어지고, 소득은 소비되고, 남은 지분은 저축(지출국민소득)하여 자본축적으로 이어지게 된다. 국부의 원천은 노동이며, 국부가 증대(경제성장)되기 위해서는 노동생산성이 향상해야 한다. 노동생산성은 분업과 분업에 기초한 기계화(자본)에 의해 증가한다. 자본은 근검, 절약으로 축적되며 원초적으로 노동에 의해서 얻어진 것으로 보았다. 그리고 국부는 자유로운 시장과 자유로운 해외무역으로 증대하게 된다. 국부론의 요지는 〈표 3-2〉에 정리하였다.

〈표 3-2〉 국부론의 요지

| 주요 과제 | 설명내용 |
|---|---|
| 국 부 | 국민들의 소비와 저축 |
| 생산요소 | 노동, 자본, 토지 |
| 시장환경 | 자유로운 경쟁시장 |
| 정부역할 | 치안과 국방, 공공사업 |
| 성장동력 | 분업, 생산적 노동, 자본축적, 기계화 |
| 가 격 | 노동가치설(투입노동량) |

## 수확체감과 수확체증

『국부론』에서 두 가지 명제가 소개되었다. '보이지 않는 손'과 '핀 공장 이야기'이다. 보이지 않는 손은 자유경쟁 시장에서 결정되는 가격 신호에 의해 자원 배분이 이루어지는 시장 원리를 설명하고 있다. '보이지 않는 손'의 논리는 수확체감의 세계로 흘러들어 신고전주의 경제학의 기초이론으로 발전하게 된다. 그리고 '핀 공장 이야기'는 수확체증의 세계로 발전하게 된다. 애덤 스미스는 핀 공장의 예를 들어 특화와 노동, 분업의 효율성을 설명하고 있다. 18세기 영국은 세계에서 가장 잘 사는 나라로 막대한 부를 축적하였다. 애덤 스미스는 이러한 부의 축적을 노동 분업에 의한 특화에 기인한다고 보았으며, 특화과정을 핀 공장 예를 들어 설명하고 있다.

노동자 한 사람이 기계의 힘을 빌리지 않고 수작업으로 핀을 만든다면 잘해야 하루에 한 개 정도 만들 수 있다. 그러나 핀 제조 과정을 18개 공정으로 나누어 열 명이 분업을 하면 하루에 4만8천 개

의 핀을 만들 수 있고, 한 명이 하루에 4천8백 개의 핀을 만들 수 있다. 이처럼 핀 생산에 특화하면서 분업을 실현하기 위해서는 한 달에 십사만 개의 핀을 팔 수 있는 시장이 있어야 한다. 따라서 이만한 시장규모가 주어진다면 특화에 의해서 높은 생산성을 올리고 막대한 이윤을 얻을 수 있는 수확체증의 세계가 열리게 된다. 먼저 시작한 핀 공장은 공정마다 연구하여 필요한 기계를 만들고 품질을 업그레이드하고, 또 유통망을 먼저 확보함으로써 규모에 의한 특화에 성공한다면 수확체증으로 인한 원가하락이 가능하게 된다.

이렇게 해서 막대한 이익을 얻고 이를 재투자하여 새로운 디자인, 새로운 기능, 새로운 소재의 핀 상품이나 관련된 상품을 만들 수 있는 여력이 생기게 된다. 동시에 시장지배력을 확대하면서 경쟁 기업의 출현을 지연시킬 수도 있게 된다.

'핀 공장 이야기'로 설명되는 수확체증의 세계는 '보이지 않는 손'으로 설명되는 수확체감의 세계와 완연히 구별되어 진다. 그러나 당시에는 애덤 스미

스를 포함한 누구도 이러한 상반된 세계에 대한 인식이 없었기 때문에 아무런 설명이나 해명이 없었으며, 의문을 품는 사람도 없었다. 경제학계에서는 '보이지 않는 손'에 심취하면서 규모와 특화에 의한 아이디어의 중요성은 오랫동안 외면되어 왔다고 볼 수 있다. '보이지 않는 손'의 논리와 '핀 공장'의 논리가 다를 뿐더러 후자의 논리는 이론적으로 정리가 불가능하였기 때문이다.

수확체증의 논리는 1928년 에일린 영에 의해 재조명되었다. 에일린 영은 하버드와 스탠퍼드 대학 교수를 역임하고, 런던정경대에서 최고의 연봉을 받고 스카우트된, 우리에겐 낯설지만 그 시절 저명한 경제학자였다. 에일린 영은 완전경쟁시장의 틀 안에서 핀 공장의 특화와 분업이 수확체증을 불러오고 경제발전의 원동력이 된다는 것을 수사학적으로 장황하게 설명하였다. 에일린 영은 설명의 핵심을 시장의 존재와 규모에 두고 있다. 시장이 커지면서 노동의 점진적 수평적 분업과 우회적 생산, 그리고 산업의 특화와 연관산업의 발전이 실현되고, 이로 인한 가

격하락과 수확체증이 경제발전을 가져온다고 했다. 미국의 경제발전과 포드자동차 공장의 조립라인에 의한 대량생산을 성공사례로 들고 있다. 기술발전이나 새로운 지식이 없이도 시장의 확장으로 수확체증을 통한 경제발전이 가능하다는 주장이다. 달리 표현하면 성장의 엔진을 잠재 시장으로 해석한 것이다. 심지어 영국 산업혁명의 동인을 기술혁신이 아닌 시장과 산업조직의 생성에 있다고 보았다.

에일린 영의 설명은 19세기 초기 산업자본주의 발전과정에서 시장의 존재와 규모가 필연적이었기 때문에 충분히 설득력 있는 논리로서 많은 학자들로부터 인용되어 왔다. 수확체증이론은 폴 로머에 의해 신국부론의 주요 이론이 되는 내생적 성장론으로 발전하게 된다.

# ♦ 한계이론과 신고전학파

제레미 벤담은 1789년에 발간한 『도덕과 입법의 원리』에서 '최대 다수의 최대 행복'을 추구하자는 공리주의를 제창하였다. 그리고 쾌락을 제공하고 고통을 방지해 주는 속성으로 효용의 원리를 설명하였다. "효용이 의미하는 것은 사물의 성질이며, 그 성질을 가진 사물은 어느 한쪽에 편익, 우월, 쾌감, 유익, 행복을 생겨나게 하거나 피해, 고통, 해악, 불행이 생기지 않게 하는 경향이 있다." 이러한 벤담의 효용에 관한 설명은 벤담이 죽은 지 40여 년 후 스탠리 제번스에 계승되어 한계효용이론으로 발전하게 된다.

Jeremy Bentham
(1748~1832)

제번스는 영국 리버풀에서 태어났으며, 런던 유니

버시티 칼리지에서 수학과 윤리학을 공부했다. 애덤 스미스와 밀의 경제 저서를 접하면서 뒤늦게 경제학을 공부하게 된 제번스는 1866년 맨체스터 오언즈컬리지에서 정치경제학 교수로 임용되고, 1871년『정치경제원론』을 발간하였다.

제번스는 경제학을 '쾌감을 얻고 고통을 피하려고 사람의 행동을 분석하는 과학'으로 규정하고, 경제행위는 곧 선택이며 극대화를 위한 선택의 원리는 '한계 효용 균등'이라고 설명하였다. 우리가 소비하는 상품의 마지막 한 단위가 주는 효용을 한계효용이라고 하며, 각 개인 개인이 소비하는 여러 가지 상품들의 한계효용이 균등할 때 각 개인의 효용이 극대화될 수 있는 원리이다. 그리고 한계효용이 가치를 결정하며, 효용을 극대화하려는 소비자의 선택이 한계효용과 가치가 일치하게 된다고 하였다. 효용 극대화 원리를 생산에도 적용하며, "각 재화의 마지막 한 단위를 생산하는 데 필요한 노동의 비율이 각 재화의 가격의 비율과 일치하도록 노동을 배분해야 한다."라는 한계이론을 제번스는 '진짜 경제이론'이라고 주장하였다. 제번스의 한계효용 이론과 헤르만 고센, 칼 멩거, 레옹 알라스, 빌프레도 파레토 등의 경제학자들이 발전시킨 한계이론은 '한계혁명'이라고 불리기도 한다.

공급부문이 중심이 되었던 고전파 경제학이론과 수요부문이 중심이 되었던 한계효용학파 이론은 1890년 발간된 앨프레드 마셜의 『경제원론』에서 통합되어 신고전주의 경제학으로 탄생하게 된다.

마셜은 1842년 영국의 버몬시에서 태어났다. 케임브리지 세인트 존스 컬리지에서 수학을 전공하고, 졸업 후 분자물리학과 형이상학에 심취했다.

밀의 『정치경제원론』을 읽고 '도시 빈민들의 고함'에 이끌려 정치경제학을 공부하기로 결정했다고 한다. 모교인 세인트 존스 컬리지에서 교수생활을 시작하였으며, 1885년 케임브리지대학 정치경제학 주임교수로 취임하고, 1890년 『경제학원리』를 출간하였다. 1903년 영국 대학에서 처음으로 독립된 '경제학과'를 개설하였으며, 피구, 케인스, 로빈스 등 저명한 경제학자를 길러냈다.

마셜은 수학자로 출발하여 철학과 형이상학적 사고에 심취했으며, '뜨거운 가슴'으로 인간적 요소를 경제학에 많이 담고 싶어 했다. 마셜이 집대성하고 완성한 고전주의 경제이론과 한계이론은 적자생존의 진화론적 요소가 다분한 경제과학, 즉 실증경제학으로 발전하였다. 신고전주의 경제학의 패러다임은 경제적 자유, 경쟁, 시장, 그리고 효율성이라는 키워드로 특징지어질 수 있다. 스미스-리카도-밀-제본스로 이어졌던 가치논쟁은 마셜에 의해 수요와 공급이라는 양날의 가격론으로 진화되었고, 이제 '효율성'이 최고 정점의 가치로 주목받은 것이다.

효율성이란 주어진 밀가루로 가장 큰 빵을 만들

때 실현되는 가치이다. 소비자 개개인은 한정된 소득으로 생활에 필요한 상품을 구매해서 가장 큰 효용을 얻을 수 있을 때, 기업은 한정된 자본과 노동력으로 가장 많은 이익을 얻을 수 있을 때, 국가는 주어진 국가 전체의 자본과 노동, 그리고 기술력으로 최대의 국민총생산을 실현할 수 있을 때 가장 효율적인 자원배분이 이루어지게 된다. 소비자, 기업, 정부 각 경제주체는 최적화 행태를 추구한다. 이를 수학적으로 표현하면 각 경제주체는 각각 효용, 이익, GDP라는 목적함수와 주어진 자원이라는 제약식으로 연립방정식을 풀어가는 소비자이론, 생산자이론, 그리고 재정이론이 되며, 효율적 자원배분 문제를 수학의 최적화 모형으로 풀어가는 이론 체계는 현대 미시경제학의 주제가 되었다.

# ◆ 지식경제학

## 실리콘밸리 이야기

  실리콘밸리를 건설한 기업가 영웅들의 유전자코드는 1850년대 샌프란시스코에서 일어난 골드러쉬에서 연유된다. 스위스에서 이민 온 제임스 마셜과 존 수터는 1848년 시에라 네바다 산맥의 조그만 마을 콜로마 산기슭에서 제재소에 필요한 수로 공사를 하다가 누런색 돌덩이를 발견하면서 골드러쉬가 시작된 것이다. 다음 해 1849에는 5만 명의 인파가 인근 지역으로 몰려들었으며, 초라했던 샌프란시스코는 황금의 항구로 변신하였다. 1850년대 기간 중 약 2,430만 온스의 금이 발굴되면서 막을 내렸던 골드러쉬는 샌프란시스코 인근 지역에 광산용품, 식품,

피복 잡화 등 관련 산업을 크게 번성시켰다. 독일에서 이민 온 리바이 슈트라우스가 원조 청바지를 만들기 시작한 것도 이때이다. 엄청나게 돈을 벌어들인 새크라멘토 상인들은 1860년에 센트럴퍼시픽 철도 회사를 설립하였다. 그중 한 사람인 리랜드 스탠퍼드는 캘리포니아 주지사와 상원의원을 역임하였고, 1891년 스탠퍼드 대학을 팔로알토에 설립하게 된다. 보스턴의 하버드 대학이 선교사 존 하버드에 의해 1636년에 설립된 지 250년 후의 일이다. 이렇게 설립된 스탠퍼드 대학은 오늘날 미국경제를 끌고 가는 실리콘밸리의 산실이 되었으며, 실리콘밸리는 지식경제학의 모티브가 되었다.

샌프란시스코와 산호세 사이에 있는 이 지역은 약 300만 인구가 거주하고 있으며, 지역 총생산액이 12대 경제대국에 속한다고 한다. 지역주민 일 인당 소득은 미국 전체의 배가되는 8만 불에 이른다. 대충 7,000개에 이르는 기업들이 스탠퍼드 대학이 위치한 팔로알토를 중심으로 레드우드씨티, 멘로파크, 쿠퍼티노, 밀피타스, 서니베일, 마운틴뷰 등에 위치하며, 실리콘밸리는 4개 카운티와 40개 도시로 구성되어 있다.

팔로알토에서 스탠퍼드 대학과 협업하여 최초로 창업된 회사는 1909년 시릴 엘웹이 설립한 페더랄 텔리그라프사이며, 스탠퍼드 대학 초대학장 데이비드 조던이 공동투자자로 참여하였다.

이 회사의 리 포레스트는 최초로 진공관 증폭기와 발진기를 개발하여 무선통신 연구의 선구자 역할을 하게 된 곳이다. 이 회사의 직원이었던 마그나복스는 스피커 회사를 창업하며 유명한 스피커 상표가 되었다.

실리콘밸리의 대부로 불리는 프레데릭 터만은 스탠퍼드 심리학 교수 루이스 터만을 부친으로 하여 1900년에 태어났다. 스탠퍼드에서 화학을 전공하고 MIT에서 전기공학박사를 이수하며 토머스 에디슨, 그래함 벨과 같은 발명가들과 교류하면서 영향을 많이 받았다. 1924년 스탠퍼드에 돌아온 터만은 무선통신연구소를 맡게 된다. 부지런하고 강직한 터만은 대공황에도 제자들에게 창업을 권장하였다. 그의 제자 데이빗 팩카드와 빌 휴렛은 1934년 1월 팔

로알토 중심가인 에디슨가 367번지에 있는 자기 집
차고에서 최초의 차고 창업을 하게 되면서 실리콘밸
리의 역사는 시작되었다. 터만은 그 후 스탠퍼드 공
대 학장과 부총장을 역임하면서 스탠퍼드 산업공단
을 세워 벤처기업의 산학협동 산실을 만들었다. HP
에 이어 실리콘밸리의 스타 기업인 시스코, 썬, 실
리콘 그래픽스, 넷스케이프, 야후, 구글 등 모두 스
탠퍼드 졸업생들이 일구어낸 기업들이다.

　터만과 함께 실리콘밸리의 대부로 불리는 또 한
사람이 있으니 바로 노벨상 수상자인 윌리엄 쇼클
리이다. 1910년 런던에서 태어나 세 살 때 가족과
함께 팔로알토로 이주해 왔다. 어릴 때부터 괴팍
하고 까다로웠던 천재 쇼클리는 칼텍에서 물리학
을 공부한 후 26세에 MIT에서 박사학위를 받고,
1925년 AT&T 벨연구소에 취직하였다. 반도체 프
로젝트 책임자가 된 쇼클리는 1947년 조수였던 존
바딘, 월터 브래튼과 함께 진공관을 대체하는 트랜
지스터를 발명하였다. 실리콘을 소재로 한 트랜지
스터의 발명은 라디오, TV, 냉장고, 보청기, 게임기 등 가전제품과 통신기기, 컴퓨터, 우주항공 산업에 전파되면서 21세기 디지털 세계를 열게 되는 열쇠가 되었다.

그로부터 10년 후 1956년 쇼클리는 고향인 마운틴뷰에 돌아와 쇼클리 반도체연구소를 설립하였다. 쇼클리는 아이오와 출신으로 MIT 물리학박사인 로버트 노이스, 팔로알토 출신으로 칼텍에서 화학을 공부한 고든 무어, 진 호애르니, 진 클라이너 등 각 분야 최고의 20대 박사들을 영입하여 드림팀을 만들었다. 그리고 그해 11월 쇼클리는 바딘, 브래튼과 함께 트랜지스터를 발명한 공로로 노벨상을 받았다.

그러나 편집광자로 알려진 괴팍한 쇼클리는 1년도 채 안 되어 드림팀이 해체되는 악운을 맞게 된다. 1957년 가을에 노이스, 무어, 호애르니, 클라이너, 라스트, 로버트, 그리니치, 블랭크 등 8명이 연구소를 떠나게 되며, 후일 쇼클리는 이들을 '8인의 배신자'로 불렀다. 이들은 이듬해인 1958년, 최초의 벤처캐피털리스트로 불리는 아서 록을 만나게 되며, 그의 소개로 셔먼 페어차일드의 투자를 받아 페어차일드 반도체를 설립하였다. IBM의 최대 개인 주주였던 페어차일드는 항공기 카메라를 만들어 거부가 되었으며, 미사일과 우주항공 산업에 필요한 반도체를 조달하고자 참여하게 된 것이다. 이렇게 설립된 페어차일드 반도체는 가전 산업, 컴퓨터, 우주항공 산업의 발전으로 승승장구하면서 20여 년간 실리콘밸리에서 65개 반도체 관련 회사가 창업된 계기를 만들었다. 창업 3년 만에 페어차일드 반도체는 3만 명의 직원으로 매출 1억3천만 불을 올렸다. 이즈음 8인의 반역자는 8인의 부자가 되었으며, 노이스와 무어를 제외한 6명은 이미 회사를 떠나 각자 창업의 길을 걸었다. 페어차일드가 사망하면서 페어차일드 반도체 회사는 흔들리게 되며, 1968년 노이스와 무어 역시 회사를 떠나게 된다.

노이스와 무어는 1968년 7월 아서 록과 함께 오늘날 그 유명한 인텔을 설립하여 짧은 시간 안에 실리콘밸리의 대표 스타기업이 되었다. 인텔을 키운 또 하나의 공신은 앤디 그로브이다. 그로브는 헝가리 이주민으로 뉴욕대 공학과를 수석으로 졸업하고 버클리에서 1963년 공학박사를 받은 수재이다. 그 역시 페어차일드 연구파트에서 일하다가 인텔에 합류하여 CEO를 역임하면서 휴렛팩커드와 함께 실리콘밸리의 독특한 기업문화를 일구어냈다.

휴렛과 패커드, 노이스와 무어, 그리고 그로브에 이어서 실리콘밸리의 신화를 만들어낸 인물이 두 명의 스티브, 즉 스티브 워즈니악과 스티브 잡스이다. 써니베일에서 태어난 워즈니악은 버클리에서 컴퓨터공학을 전공하였다. 마운틴뷰에서 태어난 5살 연하인 잡스는 1972년 오리건 리드대학을 입학하였으나 공부에는 관심이 없고, 채식과 명상을 하면서 히피 생활을 즐겼다고 한다. 어릴 적부터 친구였던 21세, 26세의 두 스티브는 그들이 다니던 게임회사 아타리를 사직하고 1976년 로스앨터스에 있는 잡스 집 차고에서 애플컴퓨터를 창업하여 3년 만에 3억 5천만 불의 매출을 올리면서 성공을 이루었다.

빌 게이츠와 폴 앨런은 1975년 뉴멕시코 앨커버크에서 MITS 회사에 '베이직'이라는 컴퓨터 언어를 만들어 공급하는 마이크로소프트사를 설립하였다.
이때 게이츠와 앨런은 하버드 재학 중이었으나, 학
업을 포기한 채 돈벌이에 뛰어든 것이다. 마이크로
소프트의 행운은 IBM이 PC 생산을 시작한 1981
년부터 열리게 되었다. PC 운영체제를 찾고 있었
던 IBM은 개리 킬달이 설립한 DRI사의 운영체제인
cp/m을 채택하고자 하였으나, 계약이 성립되지 않
아서 마이크로소프트를 접촉하게 되었다. 1980년
빌 게이츠는 시애틀에 있는 시애틀 컴퓨터사로부터
PC 운영체제 Q-DOS를 사들여 MS-DOS로 개편
하였다. 그리고 IBM과 로열티 베이스 판매 계약을
맺게 되며, MS-DOS 소유권은 마이크로소프트가

계속 보유하는 조건으로 체결되었다. 이 계약은 훗
날 천억 불짜리 계약이라고 불리기도 하였다. IBM
PC가 업계 표준 사양으로 자리 잡고 HP, 컴팩, 델,
등이 엄청난 물량을 판매하면서 마이크로소프트는
가만히 앉아서 돈방석에 올라앉게 된 것이다. 그 후
마이크로소프트는 애플사 매킨토시의 GUI(그래픽
유저인터페이스)를 모방해 다루기 쉬운 윈도 운영체
제를 만들어 PC 소프트웨어 시장에서 90% 이상의

시장점유율을 확보하게 된다. 잡스는 제록스사에서 GUI를 배워 매킨토시를 만들고, 빌 게이츠는 시애틀 컴퓨터와 애플에서 배워 윈도를 만들었으니 모두 모방의 천재들이다. PC 운영체제의 핵심기술과 아이디어는 킬달과 제록스사에서 나왔고, 돈은 잡스와 게이츠가 벌어가게 된 것이다.

마이크로소프트와 함께 소프트웨어 산업의 한 축을 담당했던 회사가 오라클이다. 스티브 잡스와 절친인 래리 앨리슨은 시카고 대학에 입학하였으나, 학업을 접고 1968년 실리콘밸리에 들어와 암달, 암펙스, 프리시전 인스트르먼트 등 소프트웨어 회사에서 일하였다. 산타클라라 암펙스에서 만난 밥 마이너, 에드 오츠와 함께 소프트웨어 개발 연구소를 설립하였다. 이들은 IBM에서 개발한 관계형 데이터베이스 명령어인 SQL에서 힌트를 얻어 메인프레임 컴퓨터, 소형컴퓨터, PC 등에 모두 운용될 수 있는 '오라클'이라는 데이터베이스 관리 소프트웨어를 개발하면서 큰 성공을 거두게 된다. 현재 전 세계에 3만 명이 넘는 직원을 거느리면서 실리콘밸리 5대 기업의 하나로 성장하였다.

90년대 인터넷시대가 열리면서 야후, 라이코스, 아키텍스트, 웹크롤러 등 많은 인터넷 정보 서비스 기업들이 창업되었다.

야후는 스탠퍼드 컴퓨터 공학박사 과정에서 공부했던 제리 양과 데이비드 필로가 1994년 넷스케이프가 출범한 시기에 창업되어 1996년에 기업이 공개되었다. 1999년의 시가 총액은 440억 불에 달하였고, 당시 넷스케이프와 함께 인터넷 사업의 선두주자가 되었다.

야후가 한참 전성기를 누리던 1998년 스탠퍼드 공학박사 과정에 있던 래리 페이지와 세르게이 브린은

'페이지 링크'라는 검색기능을 만들어 구글을 창업하였다. 2001년 썬마이크로시스템과 노벨사에서 CEO를 지낸 에릭 슈미트가 구글의 CEO로 취임하면서 구글은 야후를 앞질러 선두주자로 부상하게 된다. 에릭 슈미트는 프린스턴대학에서 전기공학을 공부하고 버클리에서 컴퓨터 공학박사를 이수한 엘리트이다. 에릭 슈미트는 10여 년간 구글에서 구글 지도, 유튜브, 안드로이드, G-메일 플랫폼을 만들고 모바일과 클라우드 컴퓨팅의 기술 기반을 구축하였다.

2007년 애플이 아이폰과 아이패드를 출시하면서 모바일 시대에 접어들게 되었다. 마크 주커버크는 하버드 재학 시 캐머런 윙클보스 형제가 운영하던 하버드 커넥션에서 힌트를 얻어서 에도와도르 세버린과 함께 페이스북을 만들었고, 냅스터를 창업했던 숀 파커의 도움을 받아 실리콘밸리에서 성공적으로 정착하였다. 애플, 페이스북, 그리고 구글을 선두주자로 해서 실리콘밸리 기업들은 미국의 4차 산업혁명을 선도하면서 전혀 새로운 21세기 산업사회를 창조하고 있다.

실리콘밸리의 성공신화는 미국 내에서, 그리고 유럽과 아시아에서 유사한 기술집적지 혹은 지역혁신 네트워크가 많이 만들어지게 하였다. 미국 내에는 보스턴의 Route128, 유타주의 실리콘데저트, 오스틴의 실리콘힐즈, 뉴욕의 실리콘엘리, 시애틀의 실리콘포레스트 등이 있다. 영국에서는 스코틀랜드의 실리콘글렌, 런던의 템즈밸리가 있으며, 핀란드의 홀리씨, 아시아에서 인도의 벵글로어, 말레이시아의 MSC, 대만의 신주과학단지, 중국 북경의 중관춘 산업클러스터, 일본의 쓰쿠바 과학단지, 한국의 대덕연구단지 등 22개국에서 실리콘밸리와 유사한 기술집약지가 건설되었다.

실리콘밸리의 성공 요인은 무엇일까? 여러 학자들이 연구하여 내놓은 결론은 조금 모호하고 엉뚱하게 들리지만, 경제적 기술적 요소가 아니라 실리콘밸리만이 가지고 있는 '실리콘밸리 문화'가 오늘날의 성공신화를 만들었다고 한다. 실리콘밸리 문화의 주요 특징을 외지에서 인용하여 요약하면 다음과 같다.

**실패의 용인:** 유럽이나 아시아 대부분의 국가에서 실패한 기업가는 낙인이 찍혀 재기하기 힘들다. 그러나 여기서는 영광의 상처로 너그럽게 받아들이는 관용이 베풀어진다. 통상 20개 회사 중 4개 회사는 망하고 6개 회사는 망하기 직전에 있으며, 9개 회사는 현상유지, 그리고 한 회사만이 잭폿을 터뜨린다고 한다. 여기서 창업된 20개 회사는 수백 건의 사업 제안서에서 선발된 것이니 실패의 확률이 성공의 확률보다 수백 배 높게 나온다.

**배신의 미덕:** 쇼클리 반도체연구소에서 나온 8인의 배신자는 인텔을 포함해서 65개에 달하는 반도체 회사가 태어나는 계기를 만들었다.

대부분의 배신은 스핀오프(spin-off)로 이어져 오히려 미덕이 되는 곳이 실리콘밸리이다.

**위험 감수:** 가장 유능한 엔젤 투자가로 손꼽히는 론 콘웨이는 2년간 150개 회사에 투자했는데 두세 개 회사가 성공했다고 한다. 매월 150개의 제안서 중에서 통산 한 건을 선택한다고 하니 2년간 3,600개

제안서 중에서 두세 개 회사가 성공한 셈이다. 확률로 따지면 성공한 제안을 세 건으로 쳐도 천이백분의 일이 된다. 이 성공의 확률이 투자가들의 위험을 생생히 말해주고 있다. 그래도 콘웨이는 구글, 페이팔, 트위터, 페이스북 등에 투자해서 큰돈을 벌었다. 실리콘밸리에서 엔젤 투자자와 벤처캐피탈리스트에게 위험은 곧 기회를 만드는 시작이 되는 셈이다.

**청바지 문화:** 보스턴의 대학교수나 기업 CEO들은 대부분 짙은 양복과 버튼다운 와이셔츠에 체크 넥타이를 맨다. 그러나 캘리포니아에 오면 대학교수도, 기업 CEO도 대부분 청바지에 노타이 차림새이다. 실리콘밸리의 대표기업인 인텔의 CEO 앤디 그로브의 저서『편집광만이 살아남는다』는 실리콘밸리의 기업문화를 잘 말해주고 있다. 인텔의 창업자인 밥 노이스나 고든 무어는 개인 집무실이 없이 평사원과 동일한 작업공간에서 일했다고 한다. 고든 무어는 별도 주차공간이 마련되어 있지 않아서 주차하느라 20여 분을 헤맸다는 일화가 있다. 탈권위, 자유, 파괴, 개성, 도전이 청바지 기업문화이다.

**변화와 적응:** 밸리에서 가장 오래된 회사인 HP 는 창업 당시 오씰레이터를 생산하였으나, 시장의 변화에 따라 전자계산기, PC, 프린터, 의료기기 등 다양한 제품을 선보였다. 시장의 변화에 대한 적응은 회사 내부의 연구개발과 함께 새로운 기술 개발 업체에 대한 인수·합병에 의해 이루어진다. 밸리의 스타기업들 대부분은 인수·합병에 의해 성장하였다고 해도 과언이 아니다. 위키피디아 자료를 보면 HP 는 창업 이후 60여 년간 81조 원을 들여 102개 회사를, 시스코는 158개 회사(77조 원), 오라클은 90 개 회사(54조 원), 마이크로소프트는 158개 회사(3조 원), 페이스북은 37개 회사(2조 원)를 각각 인수·합병하면서 시장의 변화에 적응하며 성장해 왔다.

**협업과 네트워킹:** 실리콘밸리의 역사는 협업과 네트워킹의 역사라고도 말할 수 있다. HP에서부터 페이스북에 이르기까지 대부분 창업은 학연과 인맥으로 얽히면서 협업으로 이루어졌다. 실리콘밸리의 7,000여 개 회사 중 약 3분의 1이 스탠퍼드와 연관되거나 모 회사로부터 스핀 오프되었고, 대부분의

회사가 엔젤 투자가들이나 벤처캐피탈 회사와 연결되어 있다. 여기서 페어차일드 마피아, 페이스북 마피아, 익스 구글러, 페이팔 마피아 등이 생겨났다. 특히, 페이팔 마피아 이야기는 실리콘밸리의 인맥 생태계를 잘 말해주고 있다. 일리노이공대를 졸업한 맥스 레브친은 실리콘밸리에 와서 스탠퍼드 졸업생인 피터 티엘을 만나 전자결제 회사인 페이팔을 창업하였다. 페이팔에는 많은 인재가 모여들었으며, 이들은 그 후 페이팔을 떠나 유난히 성공한 창업자가 많았는데, 긴밀한 유대관계가 큰 역할을 하였기 때문에 페이팔 마피아라고 불렸다. 전기 자동차회사 테슬라와 민간우주선 스페이스-X를 창업한 일론 머스크, 유튜브를 창업하고 훗날 구글에 1조 8천억 원에 매각한 스티브 첸과 채드 헐리, 취업 포탈 링크드인의 리드 호프만, 엘프의 제레미 스토플랜 등 모두 페이팔의 엔지니어 출신들이다.

**연방정부의 지원:** 실리콘밸리의 초기 발전과정에서 연방정부의 지원이 많은 역할을 하였다. 1958~1974년 기간에 펜타곤은 16억 불 상당의 반

도체 연구비를 지원했으며, 인터넷은 연방정부에서 투자하여 개발한 ARPA네트에서 발전한 것이다. 애플과 마이크로소프트에 많은 도움을 주었던 제록스사의 파크연구소는 예산의 10%를 연방정부에서 부담하였다고 한다. 그리고 제도적인 측면에서 연방정부 파산법과 엄격한 특허법, 캘리포니아 주 정부의 조세제도와 법령이 실리콘밸리의 생태계 조성에 이롭게 작용하였다고 한다.

## 내생적 성장론

앞에서 단편적으로 소개되었던 한계수확과 경제성장에 관한 이론을 여기에서 종합하여 설명하고자 한다. 애덤 스미스는 18세기 영국이 네덜란드를 추월하여 막대한 국부를 축적할 수 있었던 것은 기계화, 특화, 그리고 노동 분업에 따른 수확체증으로 설명하였다. 그러나 수확체증의 논리는 '보이지 않는 손'의 논리에 묻혀 오랫동안 물 밑에 잠겨 있었다. 그래서 존 스튜어트 밀은 수확체증의 중요성을 인식하였어도 기술과 지식은 과학과 예술의 분야로 경제 밖의 일이며, 정치경제학은 성장의 제도적인 원인만 연구하면 된다고 하였다.

앨프레드 마셜은 애덤 스미스와 다른 각도에서 수확체증을 내부경제와 외부경제로 나누어 설명하였다. 기업규모, 조직관리, 경영전략, 생산관리, 마케팅 기법 등 기업경영의 효율성에서 수확체증이 일어난다고 보았으며 이를 내부경제로 설명하였다. 애덤 스미스의 핀 공장 이야기는 내부경제를 잘 보여주고 있다. 한편, 외부경제는 실리콘밸리와 같은 기술집약지에서 발생하는 것으로, 인근 효과 혹은 스필오버라고도 불린다. 기술집적지에서는 기술과 지식 새로운 아이디어, 디자인, 유통망, 원자재, 인적자원 등을 공유하거나 모방이 가능하기 때문에 새로운 상품을 만들 수도 있고, 재료 원가나 마케팅 비용 등 간접비용을 줄일 수 있다. 동시에 산업의 계열화 혹은 네트워킹이 쉽게 이루어질 수 있어 한계비용이 체감하면서 수확체증이 발생하며, 이를 외부효과 혹은 외부경제로 설명하였다. 이와 관련하여 마셜은 기술과 지

식을 모든 기업이 공유할 수 있는 공공재와 특정 기업만이 사용할 수 있는 사유재로 구분하였다. 이러한 구분은 훗날 폴 로머에 의해 경쟁재와 비경쟁재 설명으로 이어지게 된다. 마셜의 내부경제와 외부경제 설명은 매우 독창적 이론으로 높게 평가되었으며, 내생적 성장론의 태동에 밑거름이 되었다.

런던 정경대의 에일린 영은 앞서 언급된 바와 같이 1928년 발표된 논문에서 애덤 스미스가 제시했던 특화와 분업의 논리는 단계적 분업, 우회생산, 그리고 시장규모에 의해 수확체증 현상이 발생한다고 보았으며, 20세기 초엽에 미국의 경제성장, 그리고 포드자동차 회사의 성공을 그 사례로 지적하였다. 에일린 영은 기술과 지식이 아닌 시장의 힘으로도 수확체증이 일어나고, 이어서 경제발전으로 귀결된다고 보았다. 이러한 주장은 마셜의 내부경제 이론과 유사하다고 생각된다.

조셉 슘페터는 1942년 그의 저서 『자본주의, 사회주의, 민주주의』에서 애덤 스미스의 '보이지 않는 손'

처럼 널리 회자하는 '창조적 파괴'라는 화두를 만들어냈다. 케인스와 동갑내기인 슘페터는 오스트리아 빈 대학에서 학부 시절 수학을 전공하고 경제학박사를 받았으며, 대학교수, 재무장관, 은행 총재 등을 역임한 화려한 경력을 가졌다. 전후 미국으로 건너와 하버드에서 경제수학을 강의하였고, 계량경제학회 초대학장을 역임하였다. 슘페터는 경제성장을 기술적 진화과정으로 설명하였다. 경제성장이란 구 기술과 신기술의 충돌과 경쟁에 의해 유발되며, 이 과정에서 특히 기업가의 역할을 중요시하였다. 혁신 기업의 신기술은 경제균형을 파괴하면서 시작되어 적응 기간을 거쳐 새로운 경제균형점으로 회복하는 과정을 '창조적 파괴'로 설명하였다. 신기술이 출현하면서 혁신기업이 누릴 수 있는 독점적 경쟁을 옹호하였는 바, 슘페터는 신성장 이론의 효시라고 볼 수 있다. 그러나 그의 이론은 대공황 회복기에 케인스 경제학의 위세에 짓눌려 주목을 받지 못하였다.

애덤 스미스에서 로버트 솔로우에 이르기까지 생산활동과 국민소득은 자본과 노동, 그리고 토지에

의해 설명되었다. 솔로우와 스완은 노동과 자본, 인구증가율, 저축률, 그리고 외부에서 주어지는 기술발전으로 신고전주의 경제성장모형을 완성했다. 솔로우 성장모형은 생산요소인 토지, 노동, 자본의 한계생산물이 수확체감현상을 보이기 때문에 경제성장은 점차 둔화하기 시작하다가 정점에 수렴하면서 멈추게 되며, 외부에서 주어지는 기술발전이 일어나지 않으면 성장을 할 수 없기 때문에 외생적 성장모형으로 불리기도 한다.

경제성장의 핵심이 되는 기술, 지식, 창의적 아이디어가 경제계 외부에서 결정되어 주어지는 것이 아니라, 경제주체의 이윤 동기에 의해 경제 내부에서 만들어져 생산활동에 투입되면서 경제성장의 엔진이 된다고 보는 것이 신성장 이론으로 등장한 내생적 성장이론이다.

신성장 이론은 빌 게이츠와 스티브 잡스의 신화가 한참 무르익어 가던 80년대 중반에 태동하였다. 폴 로머는 시카고대에서 수학을 전공하고 MIT에서 박사과정을 이수한 다음 시카고대에 건너가 박사학위 논문을 썼다. 로머는 1986년 박사학위 논문을 발전시켜 『수확체증과 경제성장』을 발표하면서 내생적 성장이론으로 점화되는 지식경제 혁명의 선봉에 서게 되었다. 앞서 설명한 바와 같이 애덤 스미스는 노동 분업과 특화로, 마셜은 내부경제와 외부경제로, 그리고 애로우는 경험에 의한 학습효과로 수확체증을 설명하였다. 그러나 로머는 지식이 자본이나 노동과 다른 특성에 의해 수확체증을 유발하면서 경제성장의 엔진이 된다고 보았다.

시장에서 거래되는 모든 상품은 경쟁재로서 값을 지급하고 구입하면 산 사람의 소유가 되어 다른 사람의 사용을 배제할 수 있게 된다. 자본이나 노동과 같은 생산요소는 모두 값을 치르고 사는 경쟁재이다. 그러나 치안, 국방, 공공시설물 같은 공공재는 누구나 값을 치르지 않고도 사용할 수 있는 비경쟁재이면서 다른 사람의 사용을 배제할 수 없다. 솔로우 성장모형에서 기술은 공공재로 취급되었다. 그러나 자세히 들여다보면 기술을 포함한 지식은 공공재와는 다른 성격을 가지고 있다.

예를 들어, 패션 회사에서 많은 연구개발비를 투자해 새로운 디자인을 개발하면 이 디자인은 특허 등록 여부와 관계없이 한동안 유사제품이 나오기까지 비경쟁재가 되며, 추가비용 없이 계속해서 이 상품 저 상품에 응용되면서 반복적으로 사용할 수 있다. 새로운 디자인 상품이 많이 팔릴수록 뉴디자인의 한계비용은 체감하고, 반대로 뉴디자인의 한계수확은 체증하게 되면서 이 회사는 일정 기간 막대한 독점이익을 얻을 수 있어 뉴디자인 연구개발에 대한 인센티브가 톡톡히 주어지게 된다. 시간이 지나면서 주위 회사들은 유사 디자인 상품을 개발하면서 뉴디자인은 스필오버 혹은 외부경제를 유발하게 되어 주변 회사들과 윈윈할 수 있게 된다.

이와 같이 지식은 소진되지 않으면서 재고비용도 없이 무한대로 축적이 가능하며, 축적된 지식은 인적자본과 결합하여 새로운 지식을 창조하게 된다. 따라서 지식은 경제주체와 이윤 동기에 의해 고정비용을 투입한 결과물로서, 막대한 독과점 이윤으로 보상을 받게 되며, 동시에 관련 산업에 외부경제를 유발한다. 그리고 지식의 비경쟁성과 외부성은 필연적으로 독점적 경쟁시장을 형성하게 된다.

　최종적으로, 로머는 기존의 지식축적이 인적자본에 의해 새로운 지식을 창조하여 새로운 디자인을 만들고, 뉴 디자인과 자본이 결합해 중간재, 즉 기계공정, 유통, 마케팅의 혁신을 만든다고 하였다. 다음 단계에서 중간재는 노동과 인적자본과 결합하여 최종재를 생산하게 되며, 경제성장률은 인적자본 스톡에 의해 결정되고, 인구규모가 결정하는 내수시장보다는 교역에 따른 해외시장 확보가 경제성장을 가속시킬 수 있다고 결론짓고 있다.

　로머의 내생적 성장이론은 솔로우 모형이 설명하지 못하는 경제성장의 경험과 성장패턴을 설득력 있게 설명하고 있다. 예를 들어, 미국경제의 장기성장 통계를 보면 19세기 초부터 20세기 후반까지 성장률을 하락하지 않고 점증하는 추세를 보였으며, 다른 선진국들의 성장률 역시 지속적으로 증가하였다. 그리고 한국, 홍콩, 싱가포르, 대만을 제외한 대부분 개발

도상국의 성장률은 선진국보다 저조한 수준을 보였다. 이러한 경제성장 패턴은 외생적 성장모형에서 시사하는 성장률 저하와 소득수준의 수렴가설에 위배되고 있으나, 로머의 내생적 성장모형은 이러한 성장 패턴을 수확체증과 지식 스톡, 그리고 인적자본으로 잘 설명하고 있다. 로머에 의해서 제기된 신성장 이론은 루카스, 바로, 그로스만, 헬프만, 크루그만 등의 많은 경제학자들의 연구가 이어지면서 지식과 창조적 아이디어가 경제성장의 핵심 동력으로 등장하는 지식경제 혁명이 진행되었다. 외생적 성장모형과 내생적 성장모형을 비교하면 〈표4-1〉과 같다.

〈표 4-1〉 외생적 모형과 내생적 모형의 비교

| | 외생적 성장모형 | 내생적 성장모형 |
|---|---|---|
| 정부의 역할 | 자유방임주의 | 시장 개입 |
| 생산 함수 | 규모에 대한 보수 불변 | 규모에 대한 보수 증가 |
| 한계 수확 | 수확체감 | 수확체증 |
| 성장의 특성 | 소득정체 | 지속적 성장 |
| 경제성장의 요인 | 자본과 인구증가 | 지식, 인적자본 |
| 국가별 소득격차 | 시간의 흐름에 따라 수렴 | 확대되는 현실을 규명 |

# 수확체증의 세계와 신경영 패러다임*

수확체증의 세계를 이해하기 위해서는 먼저 수확체감의 법칙을 알아야 한다. 수확체감이란 농업이나 전통 제조업에 적용되는 것으로 생산요소가 한 단위 증가할 때 어느 수준까지는 생산물이 증가하지만, 그 지점을 넘게 되면 생산물이 체감하는 현상을 말한다. 배추 농사를 짓는데 비료를 주면 처음에는 배추 수확이 증가하지만, 포화상태가 되면 그때부터는 수확량이 감소한다는 이치다. 가격이 높을수록 농부들은 많은 배추를 팔지만, 수확이 체감하게 되면 한계비용은 반대로 체증하게 되면서 아래로 볼록한 우상향하는 공급곡선이 그려진다. 한편, 소비자들은 가격이 낮을수록 수요가 많지만, 배추를 많이 먹게 되면 한계효용이 점차 떨어지게 되므로 아래로 볼록한 우하향하는 수요곡선을 그리게 된다. 이것이 바로 마셜이 처음 보여준 수요곡선과 공급곡선이다. 마셜의 세계는 수확체감의 법칙이 적용되는 완전경쟁시장이다. 마셜의 세계는 생산자와 소비자 모두 합리적인 행동으로 의사결정이 이루어지기 때문에 예측 가

* Arthur(1996) 내용을 요약.

능한 시장으로서 기업들은 비용을 최소화하는 최적화 행태를 보이면서 경영전략을 짜고, 투자의 대가로서 정상이윤을 거두어 가게 된다. 농업이나 전통적인 제조업은 장기적인 계획과 관리에 의해 안전하고 예측 가능한 경영환경을 선호하였고, 생산관리를 통하여 지속적인 품질관리와 정상이윤의 추구가 가능하다. 기업의 의사결정은 수직적 계열의 기업조직에서 단계적으로 이루어지면서 신속한 결정을 내릴 수 없으며, 동시에 신속성이 요구되지도 않는다.

1980년대에 들어와 IT, 바이오, 신소재 등 지식집약적 산업이 주도산업으로 자리하면서 시장과 산업조직은 획기적인 변화를 맞게 된다. 지식집약적 산업은 농업이나 전통 제조업과 달리 생산량이 수확체증현상을 보이기 때문이다.

노동과 자본은 유형의 생산요소로서 필연적으로 생산량의 수확체감현상을 보이지만, 무형의 기술이나 디자인, 아이디어, 지식은 무형의 생산요소로 초기 단계에서 소정의 연구개발을 위한 고정투자가 이루어지게 되면 추가 비용 없이 계속 투입되기 때문에 한계비용은 지속적으로 하락하면서 수확체증

현상을 보이게 된다.

따라서 한계비용을 나타내는 공급곡선은 우상향 하지 않고 우하향하게 되면서 시장균형을 이룰 수 없게 된다.

따라서 지식집약적 산업은 독점적 경쟁시장을 만 들게 되며 독점적 이윤을 얻게 되므로, 초기 연구개 발 투자에 대한 보상을 받을 수 있게 된다.

미국 뉴멕시코주 산타페연구소와 스탠퍼드에 재 직했던 브라이언 아서는 수확체증의 원인을 다음과 같이 설명하고 있다.

첫째, 지식산업 상품의 초기 개발비용은 매우 높 다고 볼 수 있다. 의약품 컴퓨터 하드웨어와 소프트 웨어, 우주항공, 미사일, 통신장비, 생명공학 등의 하이테크 상품은 디자인에서부터 출하될 때까지 기 술의존도가 높기 때문에 제품 단위당 초기 연구개 발 비용이 상대적으로 매우 높다. 예를 들어, 마이 크로소프트의 첫 번째 윈도 디스크 개발비용은 5 천만 불이었으나, 다음 제품들은 개당 3불까지 떨 어졌다고 한다. 전통 제조업의 한계비용 곡선은 떨

어졌다 올라가는 U자 모양이나, 하이테크 산업의 한계비용 곡선은 계속 하락하는 모양을 보인다.

둘째, 연계되는 상품과의 네트워크 효과가 발생하게 되면 수확체증이 발생하면서 한계비용이 체감하게 된다. 예를 들어, 구글이 안드로이드 운용프로그램을 초기에 많은 연구개발비를 투자하여 개발하면 스마트폰, 태블릿 PC 등 모든 관련 제품의 운용체계로 사용할 수 있기 때문에 추가로 발생하는 한계비용은 아주 미미하거나 전혀 발생하지 않을 수 있다.

셋째, 소비자의 타성효과(혹은 고착효과)가 원인이 된다. 일반적으로 하이테크 제품이나 컴퓨터 관련 제품은 사용방법이 간단하지 않기 때문에 처음 구입해서 익숙해지는 데는 시간과 노력이 필요하다. 그리고 일단 익숙해지면 그 제품 사용에 타성이 생기게 되고, 계속해서 그 제품의 후속 상품을 구입하게 된다. 또한, 관련 제품 역시 쉽게 익힐 수 있으며, 상호 호환 기능이 있기 때문에 특정 회사 제품에 고착하게 된다. 예를 들어, 애플의 아이맥, 아이폰, 아이패드 등이 계속 구매

되는 것은 이 때문이다. 이처럼 소비가 고착되면 메이커의 입장에서는 손쉽게 마케팅이 가능해지며 비용이 지속적으로 절감되면서 수확체증현상을 보이게 된다.

이와 같이 하이테크 제품은 일단 시장을 선점하면서 우위를 획득하게 되면 긍정적인 피드백이 일어나면서 시장점유율을 높이게 된다. 따라서 대부분의 하이테크 상품은 독과점 경쟁시장을 형성하게 된다. 마셜의 완전경쟁시장과는 판이하게 불안정하고 예측 불가능한 시장이 조성되기 때문에 기업의 목표와 전략은 경쟁기업보다 빨리 신상품을 출하하여 시장지배력을 높이는 데 있다고 볼 수 있다. 원가의 전쟁에서 속도의 전쟁으로 바뀌면서 기업들은 빠른 의사결정을 위하여 기업조직은 수직적 조직에서 수평적 조직으로 전환하게 된다. 지식집약적 제조업, 지식서비스 산업, 그리고 디자인 산업 등 모두 같은 행태를 보인다. 따라서 수확체증이 발생하는 모든 산업은 새로운 경영전략과 경영 패러다임이 필요하다고 본다. 그리고 정부의 독과점 사업에 대한 공정거래 지침도 새로운 산업조직의 출현에 맞추어 새롭게 조정되어야 할 것으로 판단된다.

# ♦ 생산요소

애덤 스미스의 『국부론』에서 3대 생산요소로서 노동, 자본, 토지가 설명되었다. 근세의 문이 열리면서 유럽을 중심으로 1차 산업혁명이, 그리고 유럽과 신대륙 미국에서 2차 산업혁명이 진행되었다. 1, 2차 산업혁명 기간 중 노동과 자본은 산업발전과 국부의 축적에 핵심이 되는 생산요소가 되었다. 산업발전의 초기에는 풍부한 노동력의 비교우위를 바탕으로 1차 산업, 섬유산업과 같은 노동집약적 산업이 경제성장의 견인차 역할을 하였으며, 다음 단계에서는 중화학공업과 같은 자본집약적 산업이 성장동력이 되어 자본이 국부 축적의 원천이 되었다. 1980년대에 접어들어 컴퓨터, 정보통신, 인터넷이 주도하는 3차 산업혁명이 발전하면서 지식집약적 산업이 경제성장의 성장 동력이 되었다. 3차 산업혁명을 배경으로 탄생한 지식경제학은 지식집약적 산업을 발전시키는 '지식'이라는 생산요소를 부각시키게 되었다. 지식은 매우 광범위한 무형의 자본으로서 과학기술, 디자인, 아이디어, 창의성 등을 포함하며 자본, 노동과 같은 유형자본과 달리 수확체증을 유발하는 생산요소이다.

이제 국부의 원천 그리고 성장 동력은 지식집약적 산업이 주도하게 된 것이다. 『신국부론』에서는 생산요소로서 지식자본과 인적자본으로 구체화하여 구분하고, 여기서 사회적 자본을 추가하였다. 사회적 자본은 선진권 경제로 가기 위한 무형의 사회인프라 혹은 무형의 사회간접자본으로 볼 수 있다.

〈표4-2〉은 『국부론』과 『신국부론』의 요지를 정리하였으며, 본 장에서는 『신국부론』의 생산요소로서 지식자본, 인적자본, 그리고 사회적 자본을 검토하고 있다.

〈표 4-2〉『국부론』과 『신국부론』의 요지

| | 국부론 | 신국부론 |
|---|---|---|
| 시대 | 18세기~20세기 전반 | 20세기 후반~21세기 |
| 생산요소 | 노동, 자본, 토지 | 지식자본, 인적자본, 사회적 자본 |
| 시장환경 | 자유경쟁시장 | 독과점 시장 |
| 성장동력 | 노동분업, 자본축적 | 과학기술, 지식 |
| 정부의 역할 | 작은 정부, 자유방임 | 큰 정부, 시장 개입 |
| 산업 집약도 | 노동-자본 집약적 | 지식 집약적 |
| 주도산업 | 중화학공업 | 정보통신, 인공지능 |
| 주 에너지원 | 화석연료, 원자력 | 대체에너지 |
| 경제정책의 초점 | 재정. 금융 안정화정책 | 성장정책 |
| 경기순환의 특징 | 단기 순환 | 중장기 순환 |

## 지식자본

2부에서 검토된 바와 같이 과학기술은 혁신을 거듭하면서 수많은 기업이 창업하였고, 국부와 고용을 창출하여 왔다. 이러한 과학기술의 하드웨어 측면과 소프트웨어 측면을 포괄적으로 담아 로머는 지식이라는 경제변수로 다루었고, 스웨덴의 레이프 에드빈슨은 지식자본이라는 개념을 만들었다. 여기서 지식

자본은 인문과학의 지식도 포함한다. 실리콘밸리는
지식자본이 만들어낸 경제의 원형으로 볼 수 있다.

위키백과에서는 지식이란 "교육, 학습, 숙련 등을
통해 사람이 재활용할 수 있는 정보와 기술 등을
포괄하는 의미이다."로 설명하고 있다. 그리고 "기
술정보는 필요에 맞게 가공되지 않는 것이고, 기술
지식은 필요에 맞게 가공된 것으로, 불특정 다수의
정보를 선택하고 조합하여 주어진 문제의 시간과
공간에 적합한 해결책으로 활용이 가능할 때 비로
소 지식이다."라고 정의하고 있다. 흥미로운 것은 고
대에서 아리스토텔레스는 지식을 '이론적 지식, 실
천적 지식, 생산적 지식'으로 나누었다고 한다.

이와 같이 지식은 불특정 다수가 활용할 수 있
는 공공재라고 볼 수 있다.

그러나 기업이나 개인의 입장에서 이러한 지식,
즉 공공재로서의 지식을 활용해서 이윤을 추구할
수 없는 것은 자명한 사실이다. 돈을 벌기 위해서
는 경쟁자가 접근할 수 없는 기술을 독점적으로 구

매하거나 본인이 직접 창조하여 상표권, 특허권, 저작권과 같은 지적재산권을 등록해서 생산적 지식으로 활용할 때 비로소 기업이나 개인이 독점적 이익을 실현할 수 있게 된다.

폴 로머가 지칭하는 지식은 비경쟁재로써의 지식으로 지식을 활용하여 기업은 독점이윤을 추구할 수 있으며, 막대한 이윤을 축적하여 연구개발비로 투입하고 새로운 상품개발을 실현할 수 있게 한다.

실리콘밸리에서 멀지 않은 로스앤젤레스 외곽 할리우드에서 실리콘밸리와 전혀 다른 기업 생태계가 휴렛 패커드사가 설립되기 10여 년 전에 만들어졌다. 1912년에 파라마운트사를 시작으로 1920년에 컬럼비아사, 1923년에 워너 브러더스사, 1935년에 20세기 폭스사와 같은 메이저 영화사들이 설립되었다. 이때부터 "할리우드에 가면 당신의 운명이 바뀐다."는 신화가 시작되었다. 영국에서 1894년에 태어난 무학의 찰리 채플린은 17세부터 런던에서 배우로 활동하다가 1914년 단역 코미디 배우로 스카우트되어 할리우드에 입성하였다. 코미디 배우로 성공한 채플린은

1919년 유나이티드 아티스트사를 설립하고, 54년 동안 81편의 영화를 제작하였으며 그가 만든 「서커스」, 「시티라이프」, 「모던타임즈」, 「독재자」, 「라임라이트」 등은 할리우드의 고전이 되었다.

Sir Charles Spencer
"Charlie" Chaplin
(1889~1977)

1901년 시카고에서 태어난 월트 디즈니는 1차 세계대전 중 유럽 지역에 참전하면서 고등학교도 마치지 못하였다. 그림을 잘 그렸던 디즈니는 1919년 시카고 광고회사에 취직하여 그림을 그리면서 어브 아이웍스를 만나게 된다. 그리고 1923년 형인 로이 디즈니, 어브 아이웍스와 함께 할리우드에서 디즈니 브라더스 스튜디오를 설립하여 주로 애니메이션을 제작하였다. 1928년 「미친 비행기」라는 만화영화에서 아이웍스와 함께 미키마우스라는 캐릭터를 만들어냈다.

이어서 「백설공주」, 「피노키오」, 「피터팬」 등이 히트하면서 할리우드의 신데렐라가 되었다. 1955년에는 애너하임에 디즈니 랜드라는 테마파크를 건설하여 크게 성공하였고, 현재는 문화산업 전반에 걸쳐서 세계 1위의 미니어 콘텐츠 기업이 되었다. 디즈니사의 사업영역은 영화, 만화, 연극, 라디오, 음악,

출판, 영상미디어, 테마파크 등을 포함하여 ESPN, ABC방송사, 픽사, 마블, 그리고 히스토리를 포함해서 10개도 넘는 케이블 채널을 운영하고 있다.

Walter Elias "Walt"
Disney (1901~1966)

채플린과 디즈니의 할리우드 스토리는 실리콘밸리의 성공담과는 차이가 있다. 실리콘밸리의 기업들은 명문 대학을 졸업한 교수나 박사들이 첨단과학기술을 응용하여 성공신화를 만든 반면, 채플린이나 디즈니는 고등교육을 받지도 못하고, 개인의 천부적인 재능과 상상력, 그리고 창의적 아이디어를 가지고 성공신화를 일구어 냈다. 재능과 상상력을 바탕으로 하는 예술 문화 영역에서 최근에도 대박 스토리가 생겨나고 있다. 영국의 조앤 롤링은 해리 포터 시리즈 첫권을 1997년에 출간하고, 이어서 나온 다섯 편이 모두 베스트셀러가 되었다. 출판 수입, 영화 판권 수입, 그리고 캐릭터 사업 수입을 합산하여 22조 원이 넘는 부가가치를 만들어 냈다.

찰리 채플린, 월트 디즈니, 조앤 롤링이 보여준 재능과 상상력, 창의성 역시 지식자본 개념으로 규정하고

자 한다. 지식자본은 과학기술과 함께 재능, 상상력, 창의력이 모두 포함되는 포괄적인 개념이 될 수 있다.

90년대에 들어와 중국이 세계의 공장이 되면서 미국과 영국 등 선진권 나라들의 많은 제조업이 문을 닫게 되었고, 대응책으로 예술·문화산업, 디자인, 미디어산업 등을 새로운 성장동력으로 하는 경제정책을 추진하게 되었다.

2008년 영국 고든 브라운 총리는 『창조 영국보고서』에서 디자인, 음악, 콘텐츠, 광고, 출판, 영상, 영화, 공연산업 등을 창조산업으로 규정하고, 7가지 분야에서 정책과제를 제시하였다. 즉 창조 교육, 창조 인재 양성, 연구 및 혁신 지원, 금융 지원, 지적 재산권 보호, 지역 클러스터 지원 등을 포함하고 있다. 그리고 호주, 일본, 핀란드, 중국도 유사한 계획을 수립하였다.

분야별로 들어가 보면 예술과 문화산업은 미술, 도서, 공예, 영화, 음악, 공연, 비디오 게임, 디자인 산업은 건축, 디자인, 패션, 장난감, 게임, 미디어산업은 광고, 잡지, 신문, 라디오, TV, 혁신산업은 연구개발, 소프트웨어, 닷컴 기업이 각각 포함되어 있

다. 이러한 산업을 창의산업으로 지칭하기도 한다. 기존의 굴뚝산업과 같은 전통 제조업도 창의산업이 될 수 있다고 본다. 기존 제조업에 창의성이 투입되면 굴뚝산업도 지식집약적 창의산업이 될 수 있다. 새로운 기술, 새로운 공정, 새로운 경영기법, 새로운 디자인, 새로운 마케팅이 개발되면 사양산업도 창의산업으로 새롭게 만들어진다.

## 인적자본

인적자본에 대한 이론은 1960년대 이후 시카고 대학의 테드 슐츠, 자콥 민서, 게리 벡커 등의 교수들에 의해 연구되어 왔다. 지금은 우리에게 익숙한 단어이지만 연구 초기에는 생소하여 1964년 게리 벡커가 『인적자본』을 출간할 당시 저서 제목을 붙이는 데 주저하였다고 한다. 1989년 미국 경제주간지 『비즈니스위크』는 인적자본을 커버스토리로 다루어 많은 주목을 받았으며, 게리 벡커는 1992년 인적자본에 대한 연구 업적으로 노벨경제학상을 받게 된다.

건강하고 유능하고 지혜로운 사람은 좋은 직장을
얻어 높은 봉급을 받으며 잘 살고, 사업을 하더라도
성공 확률이 높다. 사람의 능력을 키우기 위해서는
노력을 해야 하며, 이러한 행위를 인적자본에 대한
투자라고 한다. 투자를 많이 할수록 쌓이고 쌓여
서 인적자본은 두터워진다. 인적자본에 투자는 매
우 광범위하다. 학교 교육, 직업훈련, 현장실습, 보
건교육, 이주, 정보탐색 등이 포함된다. 인적자본에
대한 연구는 경제성장, 기술발전, 교육 및 보건 관
련 예산, 소득 분배, 고용, 실업과 같은 중요한 경제
정책과 관련되어 진행되어 왔다.

교육경제학의 선구자 테드 슐츠는 교육투자의 경
제효과 분석에서 국민소득 증가에 대한 기여도를
21% 수준으로 측정하였다. 그리고 에드워드 데니슨
은 1985년에 출간된 미국 경제성장에 관한 저서에
서 1929~1982년 기간 중 1인당 국민소득 증가분의
25%가 학교 교육투자의 증가분으로 설명된다는 분
석 결과를 내놓았다. 여기서 직업훈련이나 보건의료

등 다른 분야의 인적자본 투자가 포함되지 않았기 때문에 총 기여도는 이보다도 높다고 봐야겠다.

시카고대 교수인 로버트 루카스는 1987년 경제발전과 인적자본에 관한 연구 논문을 발표하였다. 여러 국가의 국민소득이 다르고 경제성장률이 차이가 나는 것은 국가별로 상이한 인적자본에 기인한다고 보았다. 자본과 노동, 저축률, 인구증가율과 같은 경제변수로는 위와 같은 차이를 설명할 수 없으며 통상 국가별로 다른 기술 수준이나 기술발전이 어느 정도 이를 설명할 수 있다고 보았다. 여기서 국가별로 차이가 난다는 기술은 매우 다양하고 추상적이어서 일반적인 지식으로서의 기술로 이해하기보다는, 개별 국가에서 산업생산에 종사하고 있는 인적 구성원이 가지고 있는 기술로서 이해해야 하며, 이것이 바로 그 국가의 생산성과 국민소득, 그리고 경제성장을 결정하는 인적자본이라고 분석하였다. 국가별로 다른 인적자본의 수준과 성장률은 국민소득과 성장률의 차이를 설명한다고 본 것이다. 따라서 당연히 성장의 엔진은 기술이 아니라 인적자본이 된다.

루카스는 학교 교육과 현장훈련, 그리고 경험에 의한 학습은 인적자본 축적의 중요한 투자로 보았고, 개개인의 인적자본이 개개인의 생산성과 소득에 미치는 영향을 인적자본의 내부효과로, 그리고 개개인이 모여 형성된 사회집단의 인적자본이 상호작용하면서 다른 생산요소의 생산성과 부가가치 생산에 미치는 영향을 외부효과로 나누어 설명하였다. 따라서 국가별 차이는 인적자본의 외부효과에 기인한다는 것이다. 루카스는 미국 총생산의 인적자본 외부효과에 대한 탄력치를 0.4로 계산하였다. 즉, 인적자본이 10% 증가하면 그 외부효과로 인하여 미국 총생산은 4% 증가한다.

루카스는 인적자본의 외부효과가 국가의 비교우위와 수출 경쟁력에도 영향을 미친다고 보았다. 어느 국가가 그 나라의 인적자본이 특화한 특정상품을 개발하여 생산하다 보면 그 분야에서 학습효과에 의해 더 많은 인적자본이 축적하게 되며 이러한 과정은 새로운 상품을 계속 개발하여도 반복될 수 있다고 한다. 예를 들어 한국의 반도체, 조선 사업

이나 대만의 전자산업은 백지상태에서 출발하였어도 현재 세계 일등 생산국이 될 수 있었던 것은 그 분야에 오래 종사하다 보니 생산기술과 인적자본이 심화 되고 축적되면서 비교우위가 생겨난 것이다. 그리고 이러한 이론은 여러 나라의 다양한 국민소득과 경제성장 경험을 설명할 수 있게 해준다.

　로버트 루카스는 합리적 기대의 모형으로 집약되는 새로운 안정화 정책이론을 개발한 공로로 1995년 노벨경제학상을 받았다. 그에게는 재미있는 이혼 이야기가 있다. 노벨상을 받기 7년 전 이혼을 하였는데, 루카스가 노벨상을 받게 될 경우 상금의 절반을 전처에 주기로 하고 이혼합의서에 서명하였다고 한다. 전처의 예상대로 루카스는 노벨상을 받았으며 상금의 절반을 전처에게 지불하였다. 루카스의 전처는 모든 정보를 입수하고, 분석하여 합리적 기대의 모범답안을 만들었고, 루카스는 상금을 나누어 줌으로써 인적자본의 외부효과를 실현하는 모범을 보여주었다.

게리 벡커는 대부분 인적자본의 내부효과에 관한 연구를 하였다. 1960년대 이전의 자료를 가지고 분석한 그의 연구결과에 의하면 미국 백인 남성이 대학교육에 대한 투자수익률은 11~13% 수준으로 분석되었다. 투자수익률은 1900~1940년 기간에는 감소 추세를 보이다가 1940년 이후 증가 추세로 전환되었다고 한다. 최근의 연구결과는 없지만, 1980년대 이후 대학교육의 투자수익률은 더욱 높아졌을 것으로 추정된다. 지식 집약적 인적자본에 대한 수요가 늘면서 전문 인력의 연봉도 늘어나고, 수만 명의 젊은 백만장자 벤처 CEO들이 탄생하여서이다. 게리 베커는 1950년 후반부터 과거 경제학이 다루지 않았던 인간행동과 사회현상에 관한 연구 분야를 개척한 인물이다. 시카고대학의 경제학, 사회학 교수로 자유시장주의를 신봉하는 시카고학파가 배출한 천재 중의 한 명으로 손꼽히기도 한다. 베커는 밀턴 프리드먼, 테오도르 슐츠, 제이콥 민서 등이 언급한 인적자본개념에 미시경제학적 기초를 다졌다는 점에서 공헌을 인정받는다. 특히, 사회학자이기도 한 게리 베커는 범죄율, 가족관계, 마약중독 등 다양한

사회현상을 경제학원리를 이용하여 분석하였다.

* 박현영(2015)을 수정, 요약 함.

베커의 『인적자본론』*은 인적자본을 이론적으로 분석하고, 인적자본의 투자를 소득효과와 투자회수율로 나누어 분석한다. 소득효과는 현장 교육과 학교 교육, 기타 지식, 그리고 생산적 임금 증가로 구성되어 있다. 현장 교육 분석에서, 일반 인적자본과 특수 인적자본으로 분류하여 일반 이론과 특수 이론으로 전개하였다. 일반 인적자본은 시민의 자질 혹은 독해력과 같이 산업의 구분에 구애받지 않고 적용될 수 있는 인적자본을 일컫는 반면, 특수 인적자본은 특정 산업 내에서만 통용되는 인적자본으로 이에 대한 투자는 그 산업 내에서만 인적자본의 한계 생산성을 높이게 된다. 투자회수율 분석은 소득과 비용, 그리고 회수율 간의 상관관계, 투자의 유인, 마지막으로 인적자본의 영향으로 구성되어 있다. 그리고 이론적 토대에 근거하여 인적자본과 교육의 회수율을 실증적으로 분석하고 있다. 인종별, 성별, 지역별로 나누어 투자 회수율을 분석하였고, 나이와 임금 간의 상관관계를 입증하였다.

인적자본은 개별 인간에게 내재한 지식, 능력, 건강 등을 말하며, 다른 물적자본과 마찬가지로 투자를 통하여 인적자본 소유자의 산출량을 증가시키고 생산성을 증대시키며, 경제성장을 이끌 수 있는 자본을 의미한다. 구체적으로는 한 개인의 지성과 기술, 건강, 독해력, 인문학적 감성, 습관 등이 인적자본이라고 할 수 있다. 따라서 다른 물적자본과 마찬가지로 인적자본 또한 투자와 그 회수의 과정을 거

Gary Becker
(1930~2014)

치는데, 인적자본의 투자는 교육과 직업훈련뿐만 아니라 건강관리 등도 포함된다. 인간의 지식과 능력, 건강이 인적자본이며 공부와 훈련, 의료 지출 등이 인적자본에의 투자이다. 소득의 상승을 포함한 삶 전반의 질 향상은 투자의 회수라고 할 수 있다. 그러나 소유주가 자신이 소유한 공장이나 기계가 분리되어 있는 것과는 달리, 인적자본은 그 소유주와 자본이 분리될 수 없다는 점에서 대체는 가능하나 양도는 불가능하다. 게리 베커는 인적자본이 다른 그 어떤 경제 생산요소보다 중요하다고 언급하였다.

인적자본 개념의 이해는 전통경제학의 노동 개념과 비교하면 이해가 쉽다. 전통경제학에서 노동은

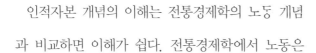

추상적이고 일반화된 노동시간의 개념이고, 그에 따른 임금은 단순히 노동자의 시간에 대한 대가였다.

따라서 전통경제학의 노동은 노동자 간의 임금 격차나 산업 분야 간의 임금 격차를 설명할 수 없었다. 반면에, 인적자본은 노동자 개인이 개별적으로 가진 자본이기 때문에 그들이 스스로에게 얼마나 투자를 하느냐에 따라서 노동자의 인적자본의 양과 질이 달라진다. 인적자본론에서 말하는 소득은 단순히 시간으로 환원되는 대가가 아닌 투자에 대한 회수가 되므로 개별 노동자 간의 임금 격차를 설명할 수 있게 된다.

그리고 산업 분야에 따라서 전문적인 교육을 필요로 하는데, 이는 곧 인적자본 투자를 의미하며,

산업 분야 간 임금 격차를 투자회수의 측면에서 설명하였다. 베커는 토지는 현대 경제에서 더 이상 중요하지 않고 자본만이 중요하며, 자본 중에서도 인적자본이 가장 중요한 형태의 자본임을 언급한다. 결국, 교육이 우수한 질의 인적자본을 생산하므로 인적자본 투자는 교육과 훈련으로 연결된다.

인적자본에 대한 설명은 애덤 스미스의 『국부론』으로 거슬러 올라간다. 애덤 스미스는 고정자본을 생산에 유용한 기계, 도구, 건물과 토지, 그리고 사회구성원의 유용하고 학습된 능력으로 구분하였으며, 인적자본은 이 중 네 번째 자본인 '생산에 유용하고 학습된 사회구성원'을 말한다. 애덤 스미스는 이 개념을 통해 경제성장과 노동 분업의 관계를 설명하지만, 게리 베커가 지적한 대로 그 관계에 구체성을 도입하지 못한 한계를 지니고 있다.

인적자본이 다른 물적자본과 같이 투자와 회수의 과정을 거치며 경제성장에 있어서 가장 중요한 요소라면, 게리 베커에게 있어서 인적자본을 가장 효과적으로 쌓을 수 있는 투자를 찾고 분석하는 것이 주

요 관심사였을 것이다. 게리 베커는 학교 교육이 바로 인적자본에의 가장 효과적인 투자라고 말한다.

교육은 인적자본 연구에 있어 가장 핵심적인 부분이라고 할 수 있다. 베커는 벤자민 프랭클린의 "지식에의 투자가 최고의 이자를 준다."라는 말을 인용하여 인적자본의 여러 투자 행태 중 교육이 가장 중요함을 강조한다. 베커는 교육을 크게 학교 교육과 직업 교육으로 구분하여 그 효과를 설명하였다.

학교 교육은 생산 능력과 직결되는 직업 교육과는 다른 형태의 교육을 제공하지만, 학교와 회사는 대체재의 역할을 하기도 한다. 학교 교육과 인적자본의 상관관계는 인종과 성별, 그리고 지역에 따른 임금 격차를 설명하는 데 용이하다.

직업 교육에 대한 분석은 일반 이론과 특수 이론으로 나누어진다. 일반 이론은 일반 직업훈련을 토대로 정립된 이론이다. 일반 직업훈련이란, 특정 산업 내에서 이루어진 훈련이 모든 산업 전반의 한계 생산성을 높이는 것이다. 예를 들어, 군대 내에서 군인들이 받는 대부분의 교육은 군대 내에서뿐만 아니라 민간 사회에서도 쉽게 적용될 수 있는 지식이 많기 때문에 우리는 군대 내의 교육을 일반 훈련이라고 부를 수 있다. 그리고 나이가 들수록 임금이 올라가는 이유는 대체로 청년기에 이루어지는 교육 기간은 투자 기간인 반면, 교육이 끝난 이후는 투자 회수 기간이기 때문이라고 말한다. 임금은 나이가 들수록 증가하고 한계임금은 감소하게 된다.

특수 이론은 특수 직업훈련을 토대로 정립된 이론이다. 특수 직업훈련, 즉 특정 산업 내에서 이루어진 훈련은 그 특정 산업의 한계 생산성만 높이는 것으로, 예를 들면 군인 교육은 대체로 민간 사회에도 쉽게 적용될 수 있으나, 미사일 조준법이라든지, 전투기 조종법은 다른 민간 분야에서는 한계 생산성을 높이지 않는 교육이다. 따라서 이러한 특수 분야에서만 적용될 수 있는 직원 교육을 특수 훈련이라고 칭한다. 베커가 예시로 든 군대의 경우처럼 일반 훈련과 특수 훈련은 혼동되었으며, 게리 베커는 이를 통해 전문직과 비전문직의 임금 격차와 실업률 차이를 설명하였다. 전문직의 경우 특수 직업훈련 투자가 더 많으므로 그 회수율로 인하여 비전문직보다 임금이 높다. 또한, 특수 직업훈련의 경우 다른 산업 분야에

선 자신의 투자에 대한 회수가 상대적으로 적기 때문에 이직할 유인이 낮다. 사업체로서도 특수 훈련에 대한 투자를 회수해야 하므로 직원을 해고할 유인이 낮다. 이와 같은 이유로 비전문직에 비하여 전문직은 이직 비율과 실업률이 모두 낮다.

인적자본은 노동분화와 전문화와도 밀접한 관련이 있다. 애덤 스미스는 노동분화와 노동 전문화는 시장의 범위에 의해 제한될 것이라고 지적하였다. 다시 말하면, 제한된 시장은 때때로 노동의 분할을 축소시킨다는 것이다.

그러나 노동분화와 전문화가 결국은 협업의 과정을 거쳐야 하므로, 전문화 정도는 협업에 드는 비용과 노동자가 사용 가능한 지식에 의해 결정된다. 전문화가 생산성 증대에 미치는 영향이 클수록 전문성 함양을 위한 인적자본 투자 유인이 높기 때문이다. 따라서 경제가 발전하여 노동이 더 분화되고 전문화의 중요성이 더 증대할수록 노동자는 보다 좁은 범위의 전문성 함양에 집중하게 되고, 이는 불필요한 인적자본 투자를 방지하여 투자의 회수율을 높일 수 있다. 특히, 여기서 게리 베커는 교육자와 노동자의 노동 분화를 보는 흥미로운 관점을 제시하였다. 노동자가 소비재를 생산하는 재화 생산자라면, 교육자는 개개인이 인적자본을 쌓는 데 도움을 주는 인적자본의 생산자이다. 사회 전체의 관점에서 보면 결과적으로 교육자와 노동자는 다른 노동분화와 같이 협업 관계에 있는 것으로, 이들 각자가 그들의 일을 전문화하면서 경제는 효율적으로 운영된다. 교육자가 더 방대한 인적자본을 교육하고, 교육자의 사회적 위상이 더 높아지면 경제는 더 효율적일 수 있다.

베커는 고전주의 경제학에서 다루지 않았던 가족을 경제주체로 편입시킨다. 가족은 개인의 습관과 건강, 학습 태도 등에 영향을 미치며 인적자본 형성의 주요 요인이 되기 때문이다. 준비된 학생만이 교육을 잘 받아들일 수 있기 때문에 가족 내에서 길러진 태도가 아주 미세하게 다를지라도, 후일에 인적자본의 차이가 임금 차이로 이어질 수 있음을 지적하였다. 맬서스의 인구론이 설득력을 잃은 이유

로 그가 인적자본을 간과했음을 지적한다. 맬서스의 예상과는 달리 사회가 발전하면 출산율이 낮아지는 이유는 사회가 발전할수록 인적자본의 중요성이 높아지기 때문이다. 한 자녀를 기를 때 자녀의 인적자본에 투자해야 하는 비용이 점점 높아지고, 따라서 경제가 발전할수록 출산율은 감소하고, 한 자녀당 교육비는 증가하게 된다.

인적자본과 교육, 전문화, 가족 간의 상관관계는 결국 모두 인적자본이 경제성장에서 가장 중요한 요소라는 것을 입증한다. 인적자본과 경제성장의 상관관계는 선순환의 관계로서 경제가 성장할수록 더 수준 높은 인적자본이 요구되고, 보다 우수한 인적자본은 다음 기의 경제성장을 이끌 수 있기 때문이다. 실제로 에드워드 데니슨이나 로버트 루카스와 같은 경제학자가 입증하였듯, 경제성장과 인적자본은 서로 양의 상관관계에 있으며, 베커는 인적자본을 경제성장의 가장 중요한 동력이라고 주장하였다. 대부분의 발전된 국가에서 토지와 물적자본의 한계이익 감소에도 불구하고 1인당 소득은 계속해서 증가해 온 것은 과학기술 지식이 노동자의 생산성을 올렸기 때문이다. 생산과정에서 과학지식의 적용은 교육의 가치를 높이고, 교육투자의 회수율을 높이며, 인적자본의 질적 향상을 불러일으키고, 경제성장을 이끄는 것이다.


## 사회적 자본

사회적 자본은 사회학자들이 소개한 개념으로 국가발전과 사회 공익에 기여할 수 있는 공동선으로 사회 구성원을 연결해 주는 관계와 규범으로 설명할 수 있다.

따라서 상호신뢰, 사회정의, 공동체 의식, 협력적 네트워크, 도덕성과 같은 덕목으로서 콜만은 특히 신뢰를 사회적 자본의 핵심적 구성요소로 지목하였다. 사회적 자본이란 용어는 1916년 리다 하니판이 미국의 시골 공동체센터에 관한 저서에서 처음 썼다고 한다. 1970년대와 80년대 사회학자들과 일부 경제학자들에 의해 많이 연구됐다.

프랜시스 후쿠야마는 일본인 3세 미국인으로 코넬대학 사회학박사이며 랜드연구소, 존 홉킨스 대학을 거쳐 말년에는 스탠퍼드대학에서 교수생활을 역임하였다. 후쿠야마는 1992년 그의 출세작 『역사의 종말과 최후의 인간』, 그리고 1995년 『트러스트』, 2001년 『대붕괴 신질서』를 출간하였다. 『트러스트』는 저자가 밝혔듯이, 사회학자가 저술한 경제학 저서로서 경제적 번영에 미치는 문화의 중요성, 그리고 신뢰가 낮은 사회와 신뢰가 높은 사회의 경제 구조를 비교하였다. 후쿠야마는 공통체적 연대와 결속은 신뢰라는 사회적 자본에 의해 결정된다고 보았다.

후쿠야마는 "사회적 자본은 협동을 전제로 한 사회집단 구성원 간에 공유되고 있는 비공식적 가치 기준이나 규범의 집합이다."로 정의하면서 이 집단의 구성원들이 다른 사람들이 믿을 만하고 정직하게 행동하기를 기대하게 된다면 이들을 서로 신뢰하게 되며, 신뢰는 어떤 집단이나 조직을 효율적으로 움직이게 하는 윤활유와 같다고 했다. 사회적 자본을 생산하는 규범은 정직, 믿음, 협동, 책임감, 정의감, 충성심, 호혜 등과 같은 덕목을 포함하고 있다.

반대로 범죄, 마약, 소송, 자살, 탈세, 가정 해체 등 사회적 역기능을 나타내는 지표는 사회적 자본의 결여를 나타낸다고 볼 수 있다. 사회적 자본은 이렇듯 인간 집단 내의 관계에 깔려있는 협동의 규범이다.

이러한 규범과 가치를 바탕으로 상호관계를 형성하는 비공식적인 네트워크 역시 사회적 자본의 한 형태라고 본다. 예를 들어, 실리콘밸리는 전문가와 전문기술을 생산하는 하나의 커다란 네트워크 조직으로서, 상호신뢰와 존중을 창출하고 있으므로 수직적으로 통합된 대기업에서라면 불가능했을 대규모의 R&D 투자가 실리콘밸리에서 지속해서 일어날 수 있었다고 후쿠야마는 설명하고 있다. 사회적 자본은 공동체의 신뢰를 높이기 때문에 정보기술로 인한 효율성을 효과적으로 이용할 수 있게 하여 조직적인 기술혁신이 더욱 쉬워지게 된다는 설명이다. 따라서 사회적 자본은 기술, 지식, 아이디어의 지식자본과 같이 외부성을 지니며, 지식자본, 인적자본과 함께 번영과 경쟁력의 원천이 된다고 볼 수 있다.

사회적 자본은 시장의 힘으로 창출될 수도 있고, 정부, 자선단체, NGO 등 공공단체에서도 만들어낼 수 있다. 경제주체들은 합리적으로 시장에서 본인의 이익을 추구하는 과정에서 신뢰, 성실, 상호성과 같은 사회적 자본이 만들어지고 축적되며, 이는 장기적으로 큰 이익을 가져오게 됨을 이미 알고 있기 때문이다. 이렇게 생산된 사회적 자본은 사회 전체를 이롭게 해주는 외부효과를 갖게 된다. 정부나 공공단체 또는 NGO에서 생산되는 사회적 자본은 일종의 공공재라고 볼 수 있다. 정부는 공공재로서의 사회적 자본을 창출하는 주요 매체가 된다. 사회적 자본의 가장 중요한 원천은 교육이라고 볼 수 있다. 교육은 기술, 지식과 함께 인성교육, 문화교육을 전수함으로써 신뢰사회 구축의 기반을 제공한다. 그러나 정부는 사회적 자본의 축적을 저해할 수도 있다. 부정부패의 만연, 치안 공백, 그리고 재산권을 보호해 주지 못하는 정부는 신뢰사회를 만들어 낼 수가 없다.

후쿠야마는 미국, 독일, 일본, 북부 이탈리아 등 경제적으로 풍요한 국가들은 민족적·문화적 배경에서 차이가 나지만, 전통적으로 사회적 자본의 축적이 경제 발전에 크게 이바지한 것으로 평가하고 있다. 그리고 사회적 자본이 부와 경쟁력의 원천이 될 수 있다는 것을 세계 자동차 산업의 리더인 토요타가 채택했던 린(lean) 생산방식을 사례로 들어 설명하고 있다. 헨리 포드는 컨베이어 벨트를 이용하여 자동차 조립라인을 만들고, 작업을 단순화해서 반복작업을 이용하여 대량생산을 가능케 하였다. 소위 테일러식 대량생산 관리기술이다. 공장노동자들은 하루종일 동일한 작업을 기계적으로 반복하는 로봇이 되어 라인을 멈추게 할 수 없고 창의적인 아이디어를 제안할 수도 없다. 품질검사는 맨 마지막 공정에서 이루어지며 오직 생산 책임자만이 의사결정 권한이 주어진다. 공장근로자들은 그저 생산 공정의 한 기계 부품에 불과할 뿐이다.

토요타는 1950년대에 린 생산방식 혹은 유연 생산방식으로 생산팀이란 공동체 조직을 도입하였다. 각 팀은 자율적으로 생산제어, 부품관리, 제안, 품질관리 등의 역할이 책임 지워졌다. 이러한 생산방식은 바로 신뢰를 바탕으로 한 공동체 정신이 생산관리에

도입된 것으로 큰 성공을 가져왔다. 물론, 이러한 생산방식의 도입은 소규모 생산라인에서 기인한 것이지만, 훗날 토요타의 성공을 가져다준 획기적인 생산방식으로서 신뢰를 바탕으로 한 사례로 연구대상이 되었다. 후쿠야마의 설명에서 보듯이 사회적 자본은 창조적 자본, 인적자본과 같은 선상에서 부가가치 창출과 경쟁력의 원천이 되고 있음을 보여주고 있다.

선진국이라고 불리는 국가들은 대부분 자유민주주의 정치체제와 시장 경제구조를 가지고 있으며, 시장에서 자원이 배분되는 구조를 취하고 있다. 바로 이것이 후쿠야마 교수가 말하는 『역사의 종언』이다. 이는 인류사회가 최종 목적지인 자유민주주의에 도달하여 정치, 경제제도의 가장 진화된 형태에 도달하였음을 뜻한다. 더 이상 국가는 개개인을 통제하고 이를 통해 훌륭한 사회를 건설할 수 없는 수준에 이르렀다. 이러한 현 상황에서 자유주의 정치, 경제제도가 힘을 얻기 위해서는 강하고 역동적인 시민사회가 필요하다. 역동적인 시민사회를 이루기 위해선 과거 신고전파 경제학에서는 간과하

고 있던 사회적 자본의 존재를 파악하고 이해하는
데 도움이 된다. 여기서 말하는 사회적 자본은 사
회 구성원 간의 신뢰를 말하는 것으로, 이는 그 공
동체가 오랜 시간 동안 축적해 온 문화적 유산에서
비롯된다. 그리고 그 사회적 자본은 전통적으로 수
동적인 행동의 인간이 아닌, 적극적으로 새로운 결
속체를 생성하고 협력할 수 있는 자발적안 사회성
을 필요로 한다. 여기서 우리는 사회적 자본의 형성
에 필요한 자발적 사회성의 중요성을 이야기해 볼
수 있다. 사실상 모든 경제활동이 개인보다는 단체
에 의해서 수행되고 있기 때문에 자발적 사회성은
경제생활에 결정적인 중요성을 지닌다.

　자발적 사회성은 과거부터 해당 공동체에 내려오
는 내면화된 윤리적 관습과 호혜적인 도덕적 의무
를 바탕으로 한다. 그리고 이러한 공동체적 관습을
바탕으로 결속이 강하게 이루어진 사회에서는 이를
토대로 개인적 미덕이 잘 개발될 뿐 아니라 자국을
성장시킬 수 있는 긍정적 환경이 조성될 수 있다.

　프랜시스 후쿠야마는 국가를 두 가지 그룹으로
나눈다. 하나는 사회적 신뢰도가 낮은 저신뢰 사회

이고, 다른 하나는 고신뢰 사회이다. 저신뢰 사회는 일반적으로 가족 위주의 기업 지배 구조와 국가개입 경제체제를 가지고 있다. 사회적인 신뢰의 수준이 낮기 때문에 신뢰할 수 있는 가족이 기업 경영의 전면에 나서는 것이다. 이들 국가는 사회적 자본의 결여로 인해 국가에 의한 경제성장의 성향이 짙다. 이와는 반대로 고신뢰 사회는 사회적 신뢰의 발달로 민간기업 위주의 경제체제와 전문 경영인의 기업 경영이 지배적이다. 신뢰도가 낮은 사회들에는 공통된 요소가 하나 더 있다. 중국, 프랑스, 남부 이탈리아 등을 비롯한 저신뢰 사회는 모두 강력한 정치적 집중화의 시기를 거쳤는데, 이 당시 절대권을 가진 황제, 군주, 국가는 권력을 두고 경쟁자를 제거하는 일에 힘을 기울였다. 이와 반대로 일본, 독일, 미국 등의 고신뢰 사회에서는 중앙 집중화된 국가 권력이 오래 지속된 적이 없다. 일본과 독일의 봉건시대나 미국의 헌법 구조에서 보듯이, 정치권력이 분산되어 있는 조건하에서 다양한 사회조직이 간섭없이 번성할 수 있었고, 또한 경제적 협동을 위한 토대가 될 수 있었다.

# ◆ 특이점 경제*

특이점 시대의 경제는 어떤 모 * 커즈와일(2017) 내용 일부를 요약

습일까? 구체적으로 생산, 소득, 소비, 여가활동과

문화, 그리고 장기적으로 경제성장은 어떻게 결정

되고 어떤 특징을 보여줄 것인가?

특이점주의자 레이 커즈와일이 그려내고 설명하

는 특이점 경제를 살펴보기로 한다.

## 지식기반 경제

설비투자와 자본, 물가, 에너지 비용 등에 초점을

둔 경제이론은 시대에 뒤진 모델이며, 지식, 기술,

지적 재산권, 컴퓨터의 연산능력, 메모리 등의 요소들이 기간을 이루는 지식기반 경제를 지향하고 있다. 지식이 경제를 확고하게 지배하는 시기는 머지않았고, 그렇게 되면 경제변화는 말 그대로 특이할 것이며 경제성장 역시 기술진화와 같이 가속력이 붙을 것으로 본다. 경제성장은 종래의 '직관적인 선형'이 아니라 기하학적 관점에서 예측되어야 한다. 기하급수적인 성장은 생산성이 기하급수적인 증가에 기인하며, 이는 기술의 가속적인 진화에서 비롯된 것이다. 미국 경제는 20세기 이후 대공황 시기도 있었지만, 지속적인 기하급수적 성장을 해왔으며 세계경제 역시 지속적으로 성장하였다. 예를 들어, 세계 빈곤 인구수는 1990년 4억7천만 명, 2001년 2억7천만 명이었으나, 2015년에는 2천만 명 이하로 감소하였다. 이런 추세가 지속되면 특이점 시대에 세계 기아인구는 사라질 것으로 예측할 수 있다.

수확 가속의 법칙이 내재한 지식기반 경제에서는 성장률 역시 기하급수적으로 증가할 것이다.

## 물가와 경기순환

미국의 노동통계청은 인플레이션 통계에서 연간 0.5%의 품질향상을 가정하고 있는데, 이 가정은 품질개선을 현격히 과소평가한 것이다. 그 과소평가로 인해 매년 물가상승률은 1% 과대평가되고 있다고 한다.

그뿐만 아니라 1990년대 신경제가 실현된 이후 인플레이션과 경기순환이 실현되지 않고 있다. 종래에 인플레이션을 유발했던 경제요인들이 정보통신 기술분야의 가속적인 기술혁신으로 인하여 상쇄되었기 때문이다. 반도체 산업에서는 매년 40~50% 상당의 디플레이션이 있었으나, 오히려 총수입은 매년 17% 증가하였다.

디플레이션에 떠는 불황은 옛날이야기가 되었다. 특이점 시대에 예상되는 디플레이션은 수요 부분에서 유발된 것이 아니고, 생산성 향상과 정보확산에 기인한 것으로 전혀 염려할 대상이 아니라는 것이다. 예를 들어, 음성인식 소프트웨어 가격은 1985년 5,000불에서 2000년에는 50불이 되었으며, 음

성인식 단어개수는 1985년 1,000개에서 2000년에는 100,000개이고 정확도도 높아져 성능 면에서는 월등히 좋아져서 가격 대 성능 비가 급증하였다.

종래에는 투자와 재고에 기인하는 단기 경기순환이 반복됐다. 그러나 앞으로는 빠른 정보유통, 온라인 구매, 시장의 투명성 증대에 힘입어 경기후퇴 주기는 점차 사라질 것으로 본다. 예를 들어, 소비자 전자상거래(B2C)와 기업 간 전자상거래(B2B) 실적을 보면 2000년대에 경기순환의 낌새가 전혀 보이지 않았다고 한다. 그리고 지식기반 경제에서 전통 제조업의 비중이 점차 낮아지고 신기술 산업, 나노입자 기반 신재료, 유전 정보, 지적 재산권, 통신 포탈, 웹사이트, 소프트웨어, 데이터베이스, 등의 비중이 증가하는 현상이 반영된 것으로 볼 수 있다.

## 지적 재산권

　지식기반 경제에서 가치를 만드는 정보산업 비즈니스 모델은 지적 재산권을 보호하는 것이 가장 중요한 일이 된다. 정보는 복사하기 쉬운 일이기 때문에 불법 복제는 앞으로도 끊임없이 반복될 것이기 때문이다. 지난 백 년 동안 미국에서 공장이나 농장에 고용된 인구는 60%에서 6%로 떨어졌다. 앞으로 우리가 하는 많은 일은 지적 재산을 창조하거나 홍보하고, 의료, 건강, 과학산업과 같이 서비스를 제공하는 일이다.

　창조성 위주의 지적 재산이 갈수록 증가하게 되고 특이점 시대에는 더욱 확장될 것이기 때문에 지적 재산권 문제는 가장 중요한 현안이 될 것이다.

## 빈부 격차

　여기서 커즈와일이 말하는 빈부 격차는 소득의 문제가 아니고, 기술에 대한 접근성에서 저소득자

가 떨어질 수 있다는 우려를 표명한 것으로, 많은 미래학자들이 염려한 문제이다. 그러나 커즈와일은 기술의 가격 대비 성능이 기하학적으로 증가하여 모든 기술이 매우 싸져서 저소득자의 접근에 문제 될 게 없다고 예상한다. 정보기술은 초기 단계에는 공짜에 가깝게 된다는 것이다. 예를 들어, 휴대전화나 PC가 그렇고, 에이즈(AIDS) 치료제도 수만 달러에서 백 달러 수준으로 싸졌다. 휴대전화는 공짜 앱이 널려있다. 상대소득의 격차는 심화하고 있지만, 절대 빈곤은 머지않아 사라질 것으로 내다보고 있다. 그리고 엘리트만이 정보기술의 혜택을 누릴 수 있는 것이 아니며 개발 초기에는 특권층만이 누릴 수 있는 기술도 안정적인 단계에 이르면 누구나 누릴 수 있는 보편적인 기술이 된다. 정보기술의 최초 사용자와 최후 사용자의 시간 차이는 현재 10년 정도이지만 향후 2~3년 정도로 줄어들게 되며, 특이점이 되면 매년 두 배씩 역량이 증가할 것으로 본다. 예를 들어, 검색엔진은 특권층이 아니라 모든 사람이 향유하는 기술이다.

## 정부규제

　일부 전문가들은 정부규제에 의해 기술진화가 늘어지거나 어려워질 수 있다는 우려가 있다. 그러나 과거나 현재에도 기술발전은 많은 규제하에서 진행되어 왔다. 앞으로도 정부규제가 있더라도 경제적 동인에 의해서 기술개발은 지속적으로 이루어질 것으로 본다. 예를 들면 줄기세포 연구는 많은 규제가 현존하지만, 연구 자체는 전혀 지장을 받지 않고 있다고 한다.

　이는 기술진보가 가져올 혜택과 경제적 이익들이 반기술 정서를 억제하기 때문이다. 그러나 행정기관

이 혁신의 장애물이 된다면 정부기관과 규제행정을 재창조해야 할 것이며, 이는 혁신의 진화과정의 일부라고 볼 수있다. 그리고 혁신은 각종 규제의 제약을 우회할 수 있고, 특히 분산형 기술을 통하여 피할 수 있다. 과거에는 소수의 천재들, 엘리트 그룹만이 혁신에 참여하였으나, 오늘날에는 전 세계 많은 사람들이 사회 혁신 과정에 참여하고 기여하고 있다. 커즈와일은 이것이 수확가속법칙의 한 측면이라고 한다.

# ◆ 인간적 시장경제*

시장기구는 많은 불평등과 불균등, 그리고 불공정을 야기하는 사회기구로 볼 수 있다. 유럽, 아시아 등 세계 각 나라의 높은 실업률이나 상대적 빈곤 등의 경제현상은 불평들의 문제를 해소하는 것이 얼마나 시급한 과제인지를 잘 보여주는 사례가 될 것이다. 그동안 시장경제에서 발생하는 부작용을 해소하기 위해 다양한 메커니즘을 사용해 왔다. 그러한 메커니즘이나 제도는 시장으로 인해 발생하는 사회적 병폐를 사후적으로 해결하는 목적을 가지고 도입되었지만, 결과적으로 국가의 경제정책, 기업의 경영권, 그리고 국가 권력과도 마찰을 빚어왔다. 여기서 빚어진 네 가지 문제는 다음과 같다.

* UN(2002)을 수정, 요약

첫째, 불평등을 치유하기 위한 방법상의 문제에 대한 것이다. 즉, 어떻게 하면 실업자들에게 경제적 지원을 하는 동시에 그들이 장래에 국가 경제에 공헌할 수 있도록 유도할 수 있을까? 최저임금, 가격 조건, 사회적 대화의 체계를 어떻게 하면 발달시킬 수 있을 것인가? 단기적으로는 가계에 도움이 되고 장기적으로는 국가경제와 사회화합에 도움이 되도록 공공정책을 수립하는 방법은 무엇인가?

두 번째 문제는 올바른 통치제도의 효율적이고 투명한 기구의 역할에 관한 것이다. 공공기구 및 사적 기구의 교육, 보건, 사회서비스에 대한 역할을 강조하는 것은 단기적으로나 장기적으로 매우 중요하며 올바른 통치제도, 즉 제도나 기구를 수립하는 것은 불평등을 없애는 매우 중요한 원인 중의 하나이다. 정책이 공평하고 효율적으로 이루어지도록 하려면 이해 당사자들의 의견이 공개적으로 표명되는 자리가 마련되어야 하고, 정책을 평가할 기준을 함께 수립하여야 한다.

정책프로그램을 어떻게 짜느냐에 따라 자원의 효율적 배분과 사용이 결정되며, 정책의 효과와 합법성을 높여주고 반감을 줄여줄 수 있다. 정책 프로그램의 기획, 집행, 평가, 감시하는 작업에 시민들을 어떻게 하면 쉽고 능동적이며, 평등하게 참여시킬 수 있을까? 정책과 정책의 집행에 대한 보다 공식적이고 중점적이며, 객관적인 감시를 위한 메커니즘을 개발하여 정부 및 정책 집행기관이 보다 책임감을 갖고 임하도록 유인할 방법은 없는가? 서로 다른 정부기관의 활동을 어떻게 하면 효과적으로 조화시킬 수 있을까? 계급, 인종, 성, 나이, 종교, 지역, 취업 여부, 가난, 재산 등과 같은 특징으로 인해 정책 프로그램으로부터 배제되는 집단이 없도록 할 방법은 없을까?

세 번째 논점은 경제주체의 역할 변화와 관련된 것이다. 경제개발과 산업화, 그리고 도시화를 거치면서 급증하는 사회보장 요구와 함께 근로자와 가족을 위한 보다 나은 사회적 조건에 대한 요구를 받았다.

일과 가족이 서로 상충관계를 이루고 있는 상황에서 어떻게 하면 서로 조화로운 관계로 발전시킬 수 있느냐에 관한 것이다.

사회서비스와 프로그램을 공급하는 것은 NGO와

노동자가 오랫동안 해온 역할이다. 그런데 이러한 유용한 서비스– 아동보호, 노인보호, 자원봉사자들을 위한 편의시설, 실직자에 대한 지원 등등 –에 이제는 정부가 직접 서비스를 공급하고 있으며, 더 나아가서 국가가 해야 하는 일이라고 여기는 곳도 늘어나고 있다. NGO는 불평등으로 피해를 보고 있는 사람들을 위한 활동을 수행해 왔으며, 정부에게 이들을 위해 노력할 것을 지속해서 추구해왔다. 여성들이 아동과 노인들을 돌보는 일을 게을리하지 않으면서도 직업을 얻을 기회를 늘릴 수 있는 방법은 무엇인가? 지역 수준에서의 분쟁을 해소하고 치유하는 국가와 고용자, 지역사회가 수행할 수 있는 역할은 무엇이며, 소외계층을 막을 방법은 없는가? 공공기관, 민간기구, 시민사회 등의 각기 다른 정책집행자들 사이에 서로 조화를 어떻게 이루어낼 수 있는가?

네 번째 논점은 세계화가 복지의 분배에 어떠한 영향을 미치고 있는지, 지역적·국가적 차원, 직업적 차원에서 분석을 시도하는 것이다. 경제 자유화의 속도와 범위는 국제사회에서의 정치적 협조의

정도를 넘어서고 있다. 재화와 서비스의 자유로운 이동과 다국적 기업의 시장, 공조체제 등에 대한 의문이 제기되고 있으며, 경제 및 기술진보의 혜택을 누리기 힘든 기존의 집단과 국가들의 불평등한 상황이 더욱 악화하고 있다. 국가적 수준, 지역적 수준, 그리고 전 지구적 수준에서 세계화 과정을 다루기 위한 가장 적절한 것은 무엇인가? 어떠한 규칙을 근거로 삼을 것이며, 정부적인 협조와 통합은 어느 지역에서 이루어져야 하는가?

## 인간적 시장의 필요성

시장기구는 사회적 계약의 집합으로서 재화와 서비스를 교환하는 행위가 생존과 번영에 도움이 되면서 시장은 법, 제도, 사상, 그리고 시장 참가자들의 취향과 태도, 관심에 의해 만들어지며, 사회의 도덕적·문화적 행태에 의해 크게 영향을 받는다.

세상에는 여러 가지 형태의 시장이 존재한다. 도시

에서 흔히 볼 수 있는 시장은 가장 흔한 형태의 시장이다. 지역의 소규모 시장에서부터 국가 전체와 관계된 시장, 나아가 전 세계적인 시장까지 다양한 형태가 존재한다. 시장은 사적 소유권과 생산 및 재화 서비스의 분배를 자유롭게 행할 수 있는 자유에 기반한 사회적 계약이라고 정의할 수 있다. 시장경제는 제도, 규제, 행동양식, 공공기관을 포함한 수많은 참여자들의 복합적인 시스템으로서, 고정된 것이 아니라 항상 변화하는 것이며, 시장은 사람들로 구성된다. 새로운 생산기술이나 매매와 교역을 위한 새로운 도구를 개발하는 것은 시장이 아니라 사람들이 하는 것이다. 또 다른 사람을 착취하고 가격이나 환율을 조작하거나 투기를 하는 것도 시장이 아니라 사람들이 하는 것이다. 시장은 사람의 필요를 충족시키기 위한 도구이다. 그러므로 가족이나 국가와 같은 다른 유사한 제도와 마찬가지로 시장도 사회에 필수불가결한 요소이다. 지금까지 화폐를 통해 이루어지는 경제적 거래(시장거래)를 대체하려던 어떠한 이상적인 배분체계도 정치적으로 성공하지 못하였다. 다른 모든 제도와 마찬가지로, 시장 역시 잘 기능할 수도 있지만 그렇지

못할 수도 있으며, 또 효율적일 수도 있지만 얼마든지
비효율적일 수도 있다. 시장의 기능과 성과에 대한 평
가는 전적으로 기준과 가치관에 달려 있다.

인간적 시장경제는 시장의 기능을 '인간의 복지'라
는 관점에서 평가한다. 세계사회는 아직까지는 실현
되기 힘들다. 단순한 국가의 집합 차원에 머물러 있
을 뿐, 이러한 사회의 실현은 아직은 이상에 머물러
있는 것이 사실이다. 이제 우리는 우리 후손들의 복
지, 특히 환경보호와 생산 소비의 지속성에 대한 고
려를 통해 현재 우리가 가진 관점을 교정하고 보다
풍부하게 해야 할 필요가 있다.

시장의 성과를 평가하는 기준은 사회진보에 대한
접근법으로부터 기원한다. 시장은 인류문화의 한 요
소라는 점에서 시장은 '인간적'이어야 한다고 주장하
며, 인간적 시장의 특징은 경제적 참여, 경제적 정의,
경제적 도덕, 그리고 경제적 중용으로 설명되어진다.

## 경제적 참여

시장기구는 가장 많은 사람들에게 경제적 기회를 제공할 수 있다는 경제 기구이다. 개인의 자유를 중시하고 경제적 참여를 극대화하는 데 시장경제의 대안은 없는 것 같다. 20세기 중반에 이르기까지 민주주의와 역동적 시장경제를 결합한 사회에서 고용기회나 생활 수준은 꾸준히 향상되었다. 제2차 세계대전 이후 공업국가들의 번영은 역동적 시장주의에 기반을 둔 것이며, 공공정책으로 뒷받침되었다.

그러나 1980년대 들어서 개도국 및 선진국의 정치적 환경과 사회경제적 문제가 크게 변화되었다. 물질적으로 풍요를 누리는 많은 국가에서 실업이 증가하였고, 금융환경의 안정과 재정적자의 해소가 초미의 관심사로 대두하였다. 탈규제 및 자유화, 민영화의 물결이 전 세계를 휩쓸었다. 시장경제는 세계적으로 확산하였으나, 보다 많은 사람들에게 경제적 기회를 제공해야 한다는 명제는 오히려 1980년대 이전보다 퇴보하고 있었다. 여기서는 이윤창출과 직업창출 사이에서 드러나는 알력의 문제와 다른 하나는 비정규 부문의 지속적인 확장의 문제를 살펴보고자 한다.

　세계 각국에서 공통으로 고용에 대한 요구가 증가하고 있다. 개도국에서의 신세대의 비중은 커졌으며 점점 더 많은 여성들이 직업을 원하였다. 성인노동력에서 여성이 차지하는 비중은 선진국에서는 44%, 전세계적으로도 40%에 이르렀다. 교육기회의 확대나 조기퇴직의 실시로 이러한 경향을 중화하려고 하였지만, 별다른 성과 없이 고용에 대한 압력은 점점 높아갔다.

　이러한 고용에 대한 요구를 증가시키는 인구 및 문화적 요인에다가 기술진보가 가져다준 고용기회에 대한 상반된 측면이 더해졌다. 지난 세기 이후로 생산, 조직, 상업에서의 기술적 혁신은 어떤 영역에서는 고용을 축소하겠지만, 다른 부문에서 더 많은 고용을 창출할 것이라고 믿었다. 더욱이 노동생산성의 향상으로 높은 임금 및 짧은 노동시간, 가격 안정이 가능해지고, 더 많은 소비와 복지향상이 가능할 것이라고 믿었다. 바꿔말하면, 재화와 서비스에 대한 소비가 더 많은 생산, 투자, 그리고 혁신을 낳을 것이라고 생각한 것이다. 그리고 이러한 선순환은 스스로 계속될 것이라고 생각하였다. 경제가 점점 다각화되면서 사람들이 교육이나 건강에서 보험, 스포츠, 여행, 외식 등에 이르는 다양한 서비스를 원할 것이고, 이에 따라 부가적인 고용이 창출될 것이라고 생각하였다.

그러나 아직 실업이나 불완전고용은 전 세계적으로 가장 심각한 문제점 중의 하나이다. 선진국들의 저성장과 개도국들의 구조조정 등으로 인해 생산적 고용창출이 거의 정지되었고, 여기에다가 대기업들이 추가적인 고용창출을 할 가능성이 거의 없다고 예상되었다. 또한, 낮은 수준의 기술을 보유한 노동자는 기술진보에 의해 고용을 위협받고 있어 경제적 전환과정은 창조적이라기보다는 파괴적이다. 직업을 창출하기도 하였지만, 고용을 줄이는 결과도 가져왔다.

더욱이 기술진보는 이미 기술적으로 선두 위치에 있는 기업이나 국가에 집중되는 경향이 있다. 또한, 사람들이 더욱 쉽게 일을 해낼 수 있도록 도와주는 기술진보보다는 사람들의 노동력을 대체하는 기술진보가 보다 대량으로, 또 자주 이루어지고 있다. 노동 절약적인 기술을 통해 비용을 줄이는 것이 바로 그 핵심이다.

자유무역 또는 재화와 서비스의 유통에 걸림돌이
되는 유무형의 장벽을 점진적으로 철폐함으로써 경제
주체들을 보다 경쟁적인 구도로 몰아넣고 있다. 값싼
양질의 노동력이 풍부한 지역에서의 개인적인 투자는
결국 그 지역의 실업률을 줄여주는 긍정적인 효과를
가져온다고 알려져 있었다. 그러나 국내산업은 경쟁력
이 높은 외국기업들의 침투로 인해 파괴되고 만다.

국제자본이 더 싼 상품과 서비스를 제공할 수 있는
가장 쉬운 방법은 노동비용을 줄이는 것이고, 이는
부분적으로는 생산성 향상보다는 낮은 임금의 유지
를 통해 달성되며, 대부분은 해고나 자연감원을 충원
하지 않는 방법을 사용하게 된다. 다국적 기업뿐 아니
라 경쟁에 노출된 거의 모든 기업이 지금까지 누려왔
던 비교우위를 앞으로도 계속 누리려고 할 것이고, 이
는 대부분 노동비용의 절감이나 기업규모 축소를 통
해 달성한다. 예를 들어, 세계화로 인해 저임금의 수입
품이 몰려들었지만, 이는 전체 수입물량의 아주 일부
분을 차지했을 뿐이므로, OECD 국가의 노동부문에
어떤 부정적인 영향도 주지 않았다는 주장은 기업들
이 이러한 극심한 경쟁을 이겨내기 위해 혹은 기존의

시장점유율을 유지하기 위해 필사적으로 조정하고 적응하였다는 사실을 간과하고 있는 것이다. 재화와 서비스의 국제적 분업이 완벽하게 이루어지지 않은 상태이고, 또 국제적으로 노동이동이 완전히 자유롭지 않은 상태에서는 세계화된 자본이 고용기회에 긍정적인 영향을 미치게 될 것이라고 진단하기는 힘들다.

농업사회에서 공업화 비중이 높은 사회로 전환되면서 비정규 부문이 과도기적으로 존재하지만, 공업화가 진전되면서 이러한 비정규 부문은 점차 소멸할 것이라고 예상되었다. 그러나 실제로 이러한 이행과정은 매우 느리게 진행되었으며, 이는 인구 구조상 압력, 투자와 신용 창출 수단의 부족, 공공기관의 비효율성, 비우호적인 교역조건, 부적절한 외부환경에 기인하는 것으로 추정되었으며, 비정규 부문이 지속적으로 생존해 있을 것이라는 주장은 거의 없었다.

그러나 실제로 비정규 부문은 현재 개도국에서 증가하고 있다. 남미에서는 90년대 중 새로이 만들어진 직업의 85%가 바로 비정규 부문이었다. 인도에서는 10%의 고용 노동력만이 정규 부문에 속해 있을 정도이다. 이러한 현상은 선진국에서도 발견되고 있으며, 탈규제의 바람에 힘입어 국민소득의 30~40%가 바로 이 비정규 부문에서 기인하는 상황으로까지 발전하였다. 한편, 정규 부문이 퇴보하여 비정규 부문화되는 새로운 현상도 나타나고 있다. 정당한 보수가 지급되는 정규적 고용기회의 부족과 사회 여러 부문에서의 불평등의 심화는 많은 개인과 가족들을 고통스럽고 불안한 생활환경으로 점차 소외시키고 있다. 그리고 개혁이라는 이름으로 공공부문에서의 구조조정을 시행하고 있는데, 이로 인해 많은 사람들이 비정규 부문으로 축출되고 있다. 이러한 상황에서 비정규 부문의 성장은 경제적 참여의 문제뿐 아니라 사회구조의 붕괴나 사회적 발전을 방해하는 장애로 등장하게 되었다.

## 경제적 정의

경제적 정의란, 경제적 행위에 대한 정당한 보상

이라고 정의할 수 있는데, 국가의 직접적인 재분배 정책을 포함하는 광의의 사회정의의 부분적 개념이다. 대부분의 정부가 여러 면에서 기회, 소득, 지식, 그리고 권력의 차원에서 인간 사이의 격차를 줄이고자 하는 노력이 있었다.

비정규 부문이 마치 전통과 같은 다양한 규제나 제약이 전혀 존재하지 않는 부문이라고 생각하기 쉬운데, 전혀 그렇지 않다. 그곳에도 인간적이며 동정적인 사람들이 있는 반면, 그렇지 않는 사람들도 많다. 또한, 노동자와 고용주가 공존한다. 어떤 고용주는 자비로운 데 반해 일부는 착취를 일삼는다. 전체적으로 최저 노동연령, 최저임금, 보건, 결사의 자유 등과 같은 사안에 대한 노동기준이 정규부문보다 자주 무시될 뿐 아니라 보장받기도 힘든 것이 비정규부문이다. 개인의 고결함과 자유는 아주 중요한 기준이요 목표이다. 비정규부문의 확산에 대한 가장 강력한 비판은 이러한 공정한 노동기준을 적용하는 것이 불가능했다는 사실이다.

건전한 경제에서도 노사대표가 집단적으로 교섭하는

교섭방식이 점차 공격대상이 되고 있다. 해고가 점점 쉬워지고 있는데, 일부는 규제의 변화를 통해, 또 일부는 그러한 규제에 대한 비난을 틈타 이루어지고 있다.

노동조합들은 근대적 경제구조가 필요로 하는 구조와 전략에 적응하는 데 애를 먹고 있다. 이러한 현상의 한가지 원인은 산업 기간 중 노동조합이 태동하였던 산업부문의 퇴조라고 할 수 있는데, 그 대신 노동자와 고용주가 집단적으로 접촉하기 힘든 여건인 서비스산업이 번창하고 있다. 또 다른 설명은 공공부문에서의 고용이 점점 감소하고 있다는 것과 중소기업이 계속 번성하고 있다는 것이다. 그러나 무엇보다도 노동조합 세력을 위축시키는 요인은 정부간섭에 대한 불신이 팽배한 자유주의 경제사조 때문이라고 할 수 있다.

자유무역이나 자본의 자유화는 임금이 최저생계비 수준으로 자연스럽게 수렴한다는 리카도의 '철의 임금률'을 다시 부활시켰다는 주장이 있다. 오늘날 자유무역과 자본의 자유로운 이동, 이로 인한 경쟁 때문에 노동자들은 국제적으로 경쟁을 벌여야 하는

처지에 놓이게 되었으며, 이러한 경쟁은 고용 자체뿐 아니라 임금이나 안전에까지 영향을 미치고 있다.

정부는 인플레이션을 통제하기 위해서는 이러한 형태의 근대적인 철의 임금률이 필요하다고 주장하기도 한다. 이에 대한 데모나 항의로 촉발된 자본과 노동의 분쟁에서 자본이 노동을 완전히 제압한 것은 아니라는 것을 보여주기는 했지만, 전체적으로는 노동분쟁을 거의 일으키지조차 못 하였다. 그러나 실업률이나 임금률의 하락 말고도 경제적 이익의 분배에서 노동자들이 불만을 터뜨릴 근거는 많다. 십 수년간 경쟁의 격화로 인한 조정비용은 거의 노동자들이 치러왔고, 이는 결국 유연한 노동시장, 실업이나 저임금으로 현실화되었다. 자본은 상대적으로 충분하게 보상을 받았다. 생산성 향상은 느렸고, 그나마 그 이익은 자본과 노동 사이에 불평등하게 분배되었다. 경제적 세계화에서 자유무역이나 자본의 자유로운 이동이 보다 많은 풍요를 가져다줄 것이라는 주장은 실제로 증명되지는 못하고 있다. 소수의 사람들은 부유해졌으며, 소비자들은 더 많은 상품을 더 싼 가격에 접할 수 있게 되었다. 그

러나 대부분의 소비자들은 주주가 아니다. 그들은
노동자거나 고용인이며, 빚을 내서 살며 자신들의
안위와 자녀들의 장래에 대해 걱정을 하며 살아간
다. 그들은 사회 안전망이 점점 약화되어가는 것을
알고 있다. 아시아 경제 위기와 같은 긴박한 사태가
발생하면 정부가 시장에 개입하였다는 사실이 비난
의 대상이 된다. 누구는 책임을 묻지 않고, 누구에
게는 가혹한 대가를 치르게 한다. 해고의 대상이
된 사람들은 마치 고용이 특권이라는 듯이 어려운
시기이다, 경쟁이 격화되어 희생이 필요하다는 이야
기를 듣게 된다. 이런 것은 인간적 시장경제의 태동
을 위한 건전한 도덕적 정치적 기반이 아닌 듯하다.

## 경제적 도덕

　다른 사회의 중요한 기구와 마찬가지로, 시장기구 역
시 경제주체가 인식하고 실천하는 규범들로 가득 차
있다. 최소한 시장기능의 선과 악에 대한 개념을 상호

간 공유하고 있는 사회만이 그들의 경제적 생활의 질을 평가할 수 있다. 시장이나 시장경제의 도덕성에 관하여 조세회피, 범죄의 증가, 근대적 자본가의 역할, 도덕과 법의 괴리에 대한 논의를 전개할 수 있다.

일부 풍요로운 사회에서는 의도적으로 조세를 회피하려는 노력의 결과로 비정규 부문이 성장하고 있다. 자신의 의사와 관계없이 변방으로 밀려났기 때문에 혹은 별다른 선택의 여지가 없어서 비과세 영역에 살고 있는 사람들과 순전히 조세를 회피하기 위해 이 영역에서 살아가는 사람들은 윤리적 관점으로 보면 확연히 구별된다. 전적으로 조세회피를 위해 조세피난처에 기업 본부를 두는 극단적인 회사들이 있고, 부가가치세를 피하려고 거래 당사자 간 합의에 따라서 비공식 거래가 횡행하고 있기도 하다.

이러한 행위를 근절하기 위해 동원되는 법적 장치나 단속수단은 매우 다양하다. 그러나 사회 내에서는 위선적이고 비일관적인 행위가 버젓이 존재하고 있다. 법적인 영역에 버젓이 존재하면서 수단과 방법을 가리지 않고 이윤과 조세회피를 찾아 나서는 전문직업이 성행하고 있다.

올바른 경제거래나 사회관계는 법 제도의 정비만으로 가능한 것은 아니다. 그보다는 실제 사례에 더 큰 영향을 받는다. 경제주체의 평균적인 행동이 1세기 전이나 심지어 20년 전보다 나빠졌다는 근거는 없다. 기업 세계에서 모델이 되는 영웅들은 한 회사에서 다른 회사로 자주 옮겨 다니며, 그때마다 연봉은 천문학적으로 상승한다. 그들은 눈에 띄는 과시적 소비를 하지는 않으며, 또한 이러한 경영자들의 이미지도 결코 나쁠 이유가 없다.

냉소주의와 도덕주의는 각기 다른 문화에서 정반대의 영역으로 사람들의 호응을 얻고 있다. 냉소주의는 의도적이고 무자비하게 도덕성을 무시한다. 냉소주의자들은 법을 존중하기는 하지만, 자신의 이익 극대화를 위해 이용하고 법의 틈새를 노려 자신의 이익을 채운다. 근대 사회가 점점 더 복잡해지고 시장의 범위와 경제 금융거래가 국경을 넘어서게 되자 이러한 냉소주의가 점점 활개를 치게 되고, 이로 인해 적법성과 도덕성도 구분되게 되었다. 법, 이성,

양심은 서로 독립적이지 않고 연결되어 있다. 그러나 지난 두 세기 동안 서로 다른 사상의 영향으로 인해 이러한 연결고리는 점차 약화하였다.

　도덕적인 것과 법적인 것의 분리는 개인의 이기심과 타인의 행복, 지식과 지혜의 분리와 마찬가지로, 2차 세계대전 이후 성장과 개발이 전 세계적으로 중시되던 시대에 이루어졌다. 경제학에서는 계량경제학 기법과 고난도의 예측 기업이 발달하였지만, 경제학의 철학적 윤리학적 영역은 사라지고 말았다. 마찬가지로, 국가와 계획, 그리고 시장과 경쟁이 중요시되었다. 이러한 것들은 도덕성을 추구하는 기관이나 기구가 아니며, 자신을 제외한 다른 영역에 관심이 없는 회의주의나 무관심이 자연스럽게 만연하게 되었다. 윤리적 관심과 효율적인 시장은 동시에 추구하기 힘든 상충관계가 되었다.

## 경제적 중용

　시장경제에 대한 현시대의 사상적 흐름은 인본주

의적 풍조와는 거리가 있다. 자유시장주의는 시장주의가 사회를 구성하는 원칙이고, 사회적 관계를 구성하는 최종적인 수단이며, 또한 소비자들이 필요, 기호, 욕망을 충족시킴으로써 행복을 얻을 때 삼을 수 있는 유일한 지침서라고 주장한다. 모든 사람에게 이로운 것처럼 보이기도 한다. 시장주의는 자유, 선도, 개방, 경쟁, 수입과 안락함이라는 보상을 보장해주는 것처럼 보인다. 그러나 이러한 것은 이상적으로는 가능할지 모르지만, 현실에서는 수단과 목적이 혼동되고, 이윤과 경제적 확장만이 모든 이들의 궁극적인 목표가 됨으로써 유토피아는 이룩되지 못하고 부서지고 있다. 순수한 시장경제가 억압적인 시장경제로 변화할 수 있는 위험에 처한 증거들은 시장의 힘에 의해 과도하게 지배당하고 있는 여러 국가들, 과학 연구의 상업화, 순수한 행복과 욕망의 충족 사이의 혼동 등에서 발견할 수 있다.

많은 정부들이 시장의 유순한 시녀가 되었거나 시녀와 비슷하게 도구화되었으며, 공공선과 대중의 이익을 책임지는 본래의 모습은 명맥만 유지하고

있을 뿐이다. 계몽시대에 태동하였던 발전의 개념은 기술의 급격한 발달과 생활 수준의 향상을 겪으면서 주로 경제적인 것, 물질적인 것으로 이해되기 시작하였다. 이러한 현상의 결과로 공공기관의 가장 중요한 임무는 경제성장률을 높이는 것이 되어 버렸다. 정부가 경제를 책임지고 운용할 의무가 있음을 강조하는 케인즈 경제학이 퇴보하고 그 자리를 신자유주의 학파가 차지하자, 정부는 단지 시장이 효율적으로 기능하도록 보조하는 역할에 그쳐야 한다는 견해가 강력한 지지를 받게 되었다.

정부나 관료계급, 그리고 노동조합은 민간 부문의 역동성을 방해하는 장애물에 불과하다는 믿음이 널리 전파되었으며, 부와 권력을 차지하고 싶다는 욕구는 더 나은 사회를 만들기 위한 필수적인 기반이라는 믿음을 퍼뜨렸다. '탈규제', '자유화', '민영화'는 경제정책은 물론 여러 측면의 사회생활에 관한 결정까지도 시장이 맡아야 한다는 강력한 이념적 기반이 되었다. 동시에 인터넷으로 대표되는 통신수단의 변화는 외부의 간섭이 없을 때 능력을 최대한 발휘할 수 있다는 새로운 사조를 퍼뜨렸다. 이러한 신자유주의적 사고

는 정부의 활동에 대해 강력한 반감을 갖고 있다.

결론적으로, 사회가 발전하기 위해서는 국가가 시민들에 대한 자신의 의무를 민주적으로 최대한 이행해야 한다는 주장에 대한 반증이 최근의 사회적 현상에서 나타나고 있는 것이다. 이에 따라 국가들은 시장기구와 권력에 대한 규제를 사실상 포기하고 있다. 공공기관은 단지 건전한 거시경제정책을 통해 공평, 단결, 참여와 같은 사회적 과제를 달성할 수 있다. 자유 방임주의 철학은 정부의 과도한 권력을 막는 한 방편이 되었다.

과학연구는 일종의 공공재이다. 그러나 현재 이 원칙은 거의 무시되고 있다. 과학은 많은 예산이 필요하고, 이익만을 추구하는 경향이 있고, 힘 있고 부유한 국가에 너무 많이 집중되어 있다. 과학의 상업화와 지적 재산권의 등장은 세계 경제사회의 부상을 알리는 가장 눈에 띄는 점들이다. 발명가가 혁신이나 발명품을 상품화하여 이윤을 획득할 권리와 대중이 무료로 이것들을 향유할 수 있는 능력을 얼마나 적절히 조화시키느냐가 국가와 시장을 가르는 핵심이 된다. 지식의 상업화는 이러한 인식을 변경할 수 있는 폭넓은 정치적·문화적 노력을 통해서만 반전이 가능하며, 경제학에서나 정치학에서 중용의 개념은 문화적 르네상스를 활성화하는 데 도움을 줄 것이다.

근대화나 개발은 유럽의 르네상스 시절 태동한 것으로서, 개인주의로의 발전에 중요한 역할을 한 개념이다. 자아개발이 인생의 가장 중요하고 정당한 목표라는 생각을 갖게 되었다. 이러한 자유화는 다양한 창조와 혁신의 근원이 되었다. 오늘날의 과학 및 경제발전은 전통적인 미신과 관습, 금기로부터 인간사고의 자유화가 없었다면 불가능하였을 것이다.

지난 반세기 동안 유행하였던 발전에 대한 개념의 핵심은 개인의 창의성의 자유와 인간 필요의 충족이라는 두 가지로 대변된다. 상품이나 서비스를 창조해 내겠다는 창의성은 합리적인 법적·윤리적 영역만 벗어나지 않는다면 사회에 대한 책임과 충분히 양립할 수 있다. 물질적인 욕망과 욕구를 충족시키는 것에 기반한 문명은 번영할 수도 없다. 가장 중요한 의문은 시장경제가 평화로운 사회와 조화로

운 세계사회를 위한 공간들을 남겨둘 여지를 갖고
있느냐 하는 것이다.


## 인간적인 국가의 특징


어떤 사회에서나 정부와 시장과의 관계는 매우
중요하다. 정부나 시장 모두 인간의 필요와 사회조
직의 기본적인 요구에 의해 자연발생적으로 생겨난
조직이다. 따라서 정부나 시장이 필요하지 않다고
주장하는 것은 명백히 잘못된 것이다. 만약 시장이
사라진다면 전체주의적 국가가 시장을 대신하여 생
산을 할당하고 상품과 서비스를 분배하는 기능을
수행하는 것이 유일한 대안이 될 것이다. 만약 정부
가 사라진다면 정부를 대신할 다른 기관이 생겨나
게 될 것이다. 역사적으로 보아도 무정부상태를 오
래 지속한 나라는 거의 없다.

그러나 "정부가 너무 비대해졌으며 시장을 너무 많
이 간섭한다."라는 정치적 견해가 지난 수십 년간 매

우 설득력 있게 받아들여져 왔다. 애덤 스미스보다는 하이에크의 유산인 이런 시장주의 교리는 최근의 역사에서 가장 공고한 영향력을 미치고 있으며, 다른 어떤 교리보다도 가장 높게 인정받고 있다. 그러나 인간적 시장과 인간적 사회는 단지 시장의 기능과 확대를 도와주는 역할에 그치는 '최소한의 정부'가 아니라 '인간적인 정부'를 원한다. 공공재 및 시민의 복지와 행복을 지켜주는 조직을 필요로 하고 있는 것이다.

인간적 국가는 경제와 사회의 자연적 발전으로 인한 부작용과 발전의 속도를 조절하기 위해 노력한다. 부작용의 예를 들면, 산업화를 통한 경제발전 과정에서 필연적으로 수반된 농업부문의 약화와 관련 부문의 쇠퇴를 말한다. 그러나 위와 같은 쇠퇴를 바라보는 시각이나 정책이 눈에 띄게 변하고 있다. 위와 같은 부작용을 경제발전에 따른 필연적인 혹은 불가피한 결과로 더 이상 보지 않는 것이다. 40%의 인구가 절대적 기근의 상태에 놓여 있고, 이들의 대부분이 농촌 지역에 살고 있는 국가라면 근대화밖에는 선택할 길이 없을 것이고, 이는 필연적으로 이촌 향도 현상을 유발할 것이다. 그러나 이제는 농촌 지역에 있는 사람들이 식량 생산과 환경보호에 책임이 있는 사람들이라는 생각이 점차 뿌리를 내려가고 있다.

인간적 국가는 시장교환, 이타주의, 전통의 육성, 사회조직의 혁신적 형태, 그리고 사회의 문화를 구성하는 다양한 삶의 형태를 위한 공간을 남겨두고 있다. 사람들이 스스로 일을 해결하도록 지원하거나 성원하는 것이 인간적 국가의 가장 중요한 역할이다. 규제되어서는 안 되는 수많은 결속망들이 여러 문화권에 존재하고 있으며, 이들은 사적인 규제에 맡겨두어야 한다. 비정규 부문의 문제에도 불구하고, 여러 가지 자기규제, 집단규제는 조화로운 사회교류에 도움이 된다. 경제거래는 일반적으로 사회적 문화적 관계보다는 공적으로 결정된 게임의 규칙을 필요로 한다. 경제 사회 정책은 점점 더 지적, 미적, 정신적 추구, 그리고 단순한 여가추구를 위한 공간을 창조하는 방향으로 나아가야 한다. 그렇지 않으면 시장경제는 점점 무의미한 시장사회로 변화하게 될 것이다.

가장 중요한 것은 정부의 크기가 아니라, 공공기구나 정치인을 포함하는 공무원이 자신들의 책임을 다하는 것이다. 공공부문은 역할이 행정기능에 국한되어 있든, 적극적으로 경제적인 활동을 하고 있든 청렴함과 유능한 모두의 기준에서 최고가치가 되도록 노력해야만 하며, 대중에게 제공하는 행정서비스는 최고수준을 지향해야 한다. 그러나 그러한 높은 기준이 항상 충족되지 않는다고 해서 공공부문은 원래 무능하고 비효율적이라고 비난해서는 안 된다. 일부의 민간 부문이 단지 이익을 위해 규모를 축소하거나 유해한 상품을 덤핑공급한다고 해서 모두 매도해서도 안 된다. 비록 공공부문에 대한 비판이 심각하고 민영화의 논리가 강조된다고 하더라도, 세계경제와 사회에 미치는 그들의 영향은 막대할 것이며, 또 오래 지속될 것이다.

# ◆ 지속가능 경제

　　　　　지속가능 경제는 지구촌의 자연
생태계라는 경제 외적 측면과 경제주체, 즉 정부와
기업, 그리고 소비자와 같은 경제 내적 측면으로 나
누어 접근해서 설명될 수 있다. 자연 생태계 문제
는 지구온난화, 환경훼손과 파괴, 자원고갈, 식량
부족 등이 20세기 후반부터 지금까지 논의의 대상
이 되어왔다. 경제적 측면에서 지속가능 경제는 지
속가능 정부와 기속가능 기업, 그리고 격차문제와
관련된 제반 정책들을 제기하고 해결책을 모색할
수 있다고 본다.

　지속가능 정부는 정책 선택의 문제라고 볼 수 있
다. 경제정책의 지평에는 단기적인 안정화 정책, 장
기적인 성장정책, 일자리, 사회복지 등 많은 정책이

나열되지만, 여기서는 소득 불평등과 누진세, 그리고 기본소득 문제를 다루고자 한다.

지속가능 기업, 즉 지속가능 경영은 기업의 사회적 책임으로 접근할 수 있다. 공유경제는 새로운 비즈니스 모델로서 지속가능 경제의 새로운 테마로 부상하고 있다.

## 기후변화에 따른 생태계 보존

지금까지 지속가능 경제는 자연환경 및 생태계 파괴와 관련되어 많은 문제가 제기되어왔다. 가장 대표적인 문제가 지구대기층의 온실효과로 인하여 발생하는 기후변화이다. 대기 중의 이산화탄소, 오존, 일산화질소와 같은 온실가스들이 유리와 같은 역할을 하면서 태양에너지의 복사열을 지구대기층에 머물게 하여 지구 표면의 온도가 점차 상승하는 지구온난화 현상을 일으키게 된다. 이러한 온난화 현상을 최근 심각한 자연재해를 초래하고 있다. 열대지역의 확대와 사막화, 해수면 상승과 해안선의 변화, 매년 반복되는 산불로 인한 생태계 파괴, 등등 전에 경험하지 못한 지구촌의 재앙들이 심각하게 인류문화를 위협하고 있다.

온난화 현상을 대처하기 위하여 1992년 리우회의에서 국제기후협약이 채택되어 1994년부터 발효되었다. 2021년에 만료되는 교토의정서를 대체해 제안된 파리 기후변화 협약은 2100년까지 지구 평균 기온을 산업화 이전 대비 최대 2도 이내로 유지한다는 목표를 세웠으며, 미국과 유럽 대부분 국가들이 2040~2050년 탄소 중립화를 법제화할 예정이다.

기후협약으로 인한 가장 큰 기대효과는 에너지원의 변화이다. 향후 20년 이내에 화석연료는 태양열, 수소에너지, 풍력, 수열과 같은 재생에너지로 대부분 대체될 것으로 본다.

커즈와일은 나노기술의 발전이 태양에너지로 지구촌 에너지 수요의 대부분을 충당할 수 있으리라고 예측하고 있다. 깨끗한 그린에너지 개발이 지구촌의 기후변화 문제 해결에 크게 이바지할 것으로 기대된다. 1970년대에 경험했던 자원파동과 식량파동은 그 후 재발하지 않았으며, 앞으로도 재현되지 않을 것으로 예상된다.


## 소득 불평등과 기본소득

Thomas Piketty
(1971~)

2013년 2월 하버드대학 출판부에서 토마 피케티의 저서 『21세기 자본』이 출간되었다. 지난 3세기 유럽 주요 국가와 미국의 통계자료를 기초로 소득 분배의 불평등에 관하여 분석하고 그 해법을 제시한 저서이다. 미국에서 출간되면서 약 50만 부가 팔려 하버드대학 출판물 중 가장 많이 팔린 베스트셀러가 되었다. 세계적으로 '피케티 신드롬'을 일으키면서 경제학계에 혜성처럼 나타나 화제의 중심이 되었다. 『21세기 자본』과 6년 후 발간된 『자본과 이데올로기』의 주요 내용을 살펴보고자 한다.

토마 피케티(1971~)는 파리 인근에서 태어나 고등사

범학교에서 수학과 경제학을 공부하고, 22세에 프랑스 사회과학고등연구원과 영국 런던정경대학에서 부의 재분배에 관한 논문으로 박사학위를 받았다. 1993년 MIT 조교수로 임용되어 교수생활을 하다가 1995년 모국으로 돌아와 파리대학 교수로 재직 중이다.

피케티는 먼저 부의 분배에 관한 과거 통계자료를 분석하고 마르크스와 쿠즈네츠의 주장을 반박하였다. 마르크스는 그의 저서『자본론』에서 자본주의 시장경제가 발전할수록 자본의 축적이 심화하면서 자본수익률이 하락하게 되고, 결국 자본투입이 중단되어 경제성장이 멈추게 되며, 노동자층의 혁명으로 사회주의가 자리 잡게 된다고 하였다. 그러나 피케티의 분석에 따르면 1700~2012년 기간 중 자본의 생산성과 투자 수익률은 꾸준히 증가하였으며, 생산량 증가는 연평균 1.6% 수준을 기록하였다. 그리고 1700년대에 5억 명이었던 세계인구는 21세기 70억 명으로 증가하면서 지속적인 경제성장의 동력이 되었다고 보았다.

쿠즈네츠는 1913~1948년 기간에 미국 국민소득 자료를 기초해 소득분배를 연구하고 '쿠즈네츠가설'

을 정립하였다. 이는 경제성장의 초기에는 불평등이 심화하다가 그 후 불평등이 개선된다는 주장이다. 그러나 전후 소득분배가 개선된 것은 세계대전과 대공황의 충격에 기인한 것이고, 1945~70년 기간에 소득 불평등은 다시 악화한 것으로 분석하였다. 그리고 21세기에도 이러한 추세가 지속될 것으로 예상하였다. 피케티의 분석결과를 요약하면 다음과 같다.

−국민소득은 자본소득과 노동소득의 합이며, 여기서 자본은 인적자본을 제외한 것으로 인적자본은 타인이 소유하거나 시장에서 거래될 수 없기 때문이다. 그리고 국부는 국민총자본으로서 국내자본과 순해외자본의 합이 된다. 여기서 국민총자본을 연간 국민소득으로 나누어 주면 자본/소득 비율이 된다.

−국민소득의 증가율(경제성장률) 'g'가 자본수익율 'r'보다 작게 되면 (g<r) 국민소득 중 자본소득이 차지할 수 있는 비중이 커지게 되면서 자본/소득 비율이 올라가고 소득 불평등이 심화한다.

–자본수익률과 성장률의 미세한 차이도 장기적으로는 소득 불평등에 크게 영향을 주게 된다. 인구증가는 상속받는 부의 중요성을 감소시키기 때문에 일종의 평등화 역할을 하는 경향이 있으나, 반대로 인구가 정체되거나 감소하면 축적된 자본의 영향력이 커져 소득 불평등은 커지게 된다.

–소득은 자본소득과 노동소득의 합계이기 때문에 소득의 불평등은 자본소득의 불평등과 노동소득의 불평등이 더해진 결과이며 이 두 구성요소의 불평등이 커질수록 전체적인 불평등이 커진다. 과거 데이터를 보면 자본소득과 자본소득의 분배는 항상 노동소득의 분배보다 집중되어 있다. 노동소득 상위 10%가 일반적으로 전체 노동소득의 25~30%를 받는 반면, 자본소득 상위 10%는 전체 부의 50% 이상을 소유한다. 또한, 임금분포에서 하위 50%는 상위 10%가 차지하는 몫과 비슷한 몫을 받으나, 부의 분포에서 하위 50%는 자본을 거의 소유하지 않고 있다.

−경제성장률은 1차 산업혁명이 있었던 18세기 이후 연평균 1~2% 수준이었으며, 반면 자본수익률은 4~5% 수준으로 항상 r〉g 현상을 보여왔다. 20세기 후반에는 격차가 많이 줄어들었으나, 21세기 중반에 접어들게 되면 성장률이 1.5%로 추정되어 r과 g의 격차는 산업혁명 당시와 비슷한 수준이 될 것이고, 미래에 인구증가가 점차 정체되거나 감소하게 되면 소득 불평등도는 더욱 악화할 것이다.

−이에 대한 정책대안으로 잘 조율된 조세 정책을 제시하고 있다.

피케티는 방대한 과거 통계자료를 검토, 분석하는 과정에서 얻어진 인적자본에 관하여 다음과 같이 설명하고 있다.

경제성장과 경제발전 과정에서 사람의 노동력과 기술, 노하우, 즉 인적자본의 중요성이 커지는 것은 다음의 자료에서 알 수 있다. 국민소득에서 자본의 몫은 1800~1890년 35~40%에서

2000~2010년 25~30%로 하락했고, 노동의 몫은
60~65%에서 70~75%로 증가했다. 노동의 몫이
증가한 것은 그만큼 불평등의 해소에 기여한 것이
고, 이것이 바로 인적 자원의 힘이다.

–피케티는 노동소득의 불평등은 노동인력의 기능
에 대한 수요와 공급에 의해 결정된다고 한다. 노
동 기능의 공급은 교육제도의 상태에 의해 좌우
되며 노동 기능의 수요는 사회가 소비하는 상품
과 서비스를 생산하는 데 이용되는 기술상태에

좌우된다고 본다. 그리고 교육제도는 공공정책,
다양한 교육과정에 대한 선택기준, 재원확보 방
식, 교육비, 평생교육의 이용 가능성에 의해 형성
된다고 한다. 기술진보는 혁신이 얼마나 빠른 속
도로 이루어지고 실행되는지에 달려 있다. 기술의
진보는 새로운 기능에 대한 수요를 증대시키고 새
로운 직업을 창출한다. 기능의 공급이 그 수요와
같은 속도로 증가하지 않으면 충분한 고등교육을
받지 못한 사람들은 소득이 낮아지게 되고 저임
금 직업으로 밀려나면서 노동소득의 불평등이 심

화할 것이다. 이런 문제를 피하려면 교육제도가
새로운 유형의 교육과 이로 인한 새로운 기능들
을 충분히 공급해야 한다.

—국내적으로, 그리고 국제적인 차원에서 소득의 불
평등을 해소하는 소득의 수렴 메커니즘은 지식의
확산으로서 다양한 경제주체가 믿고 의지할 수
있는 안정된 법적 '틀'을 보장한다. 지식의 확산은
자국민의 교육과 훈련에 대한 투자를 가능케 하
는 국가의 자금 조달 능력과 제도에 달려 있다.

—미국과 프랑스의 경험에서 최저임금제가 임금 불
평등의 해소에 부분적으로 중요한 역할을 하였다.
그러나 임금을 올리고 궁극적으로 임금 불평등을
줄이는 가장 좋은 방법은 교육과 기술훈련에 투자
하는 것이다. 장기적으로 최저임금제는 임금을 현
격하게 높이지 못하며, 임금수준의 진전을 이루기
위해서는 교육과 기술이 결정적인 역할을 한다.

피케티는 『21세기 자본』이 나온 지 6년 후 2019년

『자본과 이데올로기』를 출간하였다. 피케티는 『21세기 자본』에서 소득 불평등을 해소하는 정책대안으로 국내외적으로 잘 조율된 조세정책을 제안하였으며, 『자본과 이데올로기』에서 구체적으로 조세정책의 여러 가지 방안과 기대효과를 제시하여 설명하였다. 그러나 피케티가 제시한 조세정책은 전통적인 시장경제의 범주 안에서 다루기 어려운 과제여서 '참여사회주의'라는 독창적인 이데올로기의 그림을 그리면서 21세기의 이상향으로 가는 길을 제시하고 있다. 피케티가 제안하는 구체적인 조세정책과 기본소득 자료는 특이점 시대 소득 불평등을 해소하는 정책수립에 참고자료가 될 수도 있다고 생각하여 『자본과 이데올로기』의 주요 내용을 살펴보고자 한다.

전 세계 80개국에 걸친 방대한 세계 불평등 데이터베이스에 근거한 역사연구를 마치고 피케티가 내린 결론은 불평등은 경제적 혹은 기술공학적으로 결정되고 유래된 것이 아니라, 이데올로기와 정치적인 측면에서 유래된다고 보았다. 즉, 이데올로기와 정치가 불균형을 초래하는 법, 조세재정, 교육, 정치 관련 체계들을 결정한다고 본 것이다.

따라서 피케티는 불평등을 해소하고 사회정의와 정의로운 경제를 지향하는 새로운 이데올로기를 제시하여 자본주의의 파국을 막고, 현실적으로 자본주의의 애로를 극복할 수 있다는 낙관론을 펴고 있다. 이런 주장은 시장경제의 자유경쟁이 보편적인 사회정의와 경제적 정의를 전적으로 실현할 수 없음을 시사하고 있다.

여기서 정의로운 사회, 정의로운 경제란 사회 구성원 모두가 기본 재화, 즉 교육, 보건, 주거, 문화, 투표권 등에 평등하게 접근할 수 있는 사회, 그리고 하위 소득층이 높은 생활 수준을 누릴 수 있도록 사회경제적 관계, 소유 관계, 그리고 소득 및 자산 분배 관계를 조직하는 것이라고 정의하고 있다.

피케티는 1980년대 이후 전 세계 대부분의 나라에서 사회경제적 불평등이 증대하여 2000~2010년부터 세계는 불안과 새로운 마비상태에 처하게 되었다고 진단한다. 인도, 미국, 러시아, 중국, 유럽은 1950~1980년 기간 비교적 평등한 단계에서 1980

년 이후 불평등의 증대기로 접어들었다. 소득 상위 십분위의 점유율이 이들 5대 지역에서 총소득의 25~35% 수준에서 2018년에는 35~55%로 증가하였으며, 특히 미국에서 불평등이 가장 심화하였다. 이런 추세라면 머지않아 총소득의 55~75% 수준까지도 예견할 수 있다는 것이다. 1980~2018년 기간에 전 세계 총소득 중 1% 상위계층이 확보한 몫은 27%, 50% 하위계층 몫은 12%로 나타났다.

이러한 불평등의 증대원인은 구소련연방국의 해체와 OECD 국가들의 보수혁명, 그리고 신자유주의 정책기조(피케티는 신소유주의로 표현함)에 기인하는 것으로 보았으며, 특히 미국과 영국에서 소득세의 누진율이 1980년대 이후 현저히 감소한 데 기인한다고 분석하였다.

피케티는 '참여사회주의'라는 새로운 이데올로기를 내걸고 불평등의 해소를 위하여 기업과 개인 두 경제주체에 대한 해결방안을 제시하고 있다. 먼저 기업경영에 관한 의결권에서 대주주 의결권의 상한선을 정하고 임금노동자들에게 이사회 참여 및 의결권을 부여하여 기업의 사회적 소유와 권력 분유를 기하면서 소유의 과집중을 극복하고 공동관리를 통

하여 사회적 소유를 추구할 수 있다는 것이다.

다음으로 개인에 대해서는 세 가지 누진세를 제안하고 있다. 즉, 개인 자산에 대한 누진 소유세와 누진 상속세, 그리고 개인 소득에 대한 누진소득세이다. 이 세종류의 누진세는 이미 다양한 형태로 대부분의 나라에서 채택·실행되고 있으나, 피케티는 누진세율의 획기적인 증가 정책을 제안하고 있는 것이다.

피케티의 참여사회주의 정책수단을 요약하면 다음과 같다.

-기업의 주주와 임금노동자가 기업 의결권을 50:50으로 분산 소유

-개인 자산 내에 과세하여 징수되는 누진 소유세와 누진 상속세의 세수는 국민소득의 5%에 해당하는 금액으로 징수하며, 25세에 달하는 청년 각자에게 지급하는 자본금지원의 재원으로 충당

-누진소득세는 국민소득의 약 45% 수준으로 징수하며 이 중 40%는 기본재화(교육, 보건, 주거, 문화 등)의 사회적 재원으로, 그리고 5%는 연간 기본소득의 재원으로 충당

-기본소득은 서유럽 국가들이 채택하고 있는 최저소득보장제도로서 향후 제도적으로 보편화되고 자동화될 수 있도록 제도개선이 필요하다고 제안. 예를 들어, 비임금 저소득자와 저임금 노동자를 대상으로 기본소득을 일반화하고, 이들이 신청하지 않아도 일정 수준의 기본소득이 자동지급되는 체계적 방식의 도입을 주장. 그리고 기본소득 정책은 사회복지제도의 마지막 해결책이라는 발상을 버리고 각종 조세정책과 청년층에 대한 자본지원, 기본재화에 대한 사회적 지원과 함께 복지국가를 지향하는 정책 패키지의 일부로 정책수립

이상과 같은 피케티의 정책제안은 특별히 새로울 것은 없다고 본다. 임금노동자의 경영 참여는 독일과 북유럽 국가들의 기업에서 이미 상당 부분 실현되고 있으며, 여타 국가에서도 부분적으로 많은 진전을 보이고 있다. 신생 벤처기업 등은 종업원지주제와 스톡옵션을 통해서 경영 참여와 임금 인센티브가 집행되고 있다. 누진세 제도 역시 새로운 제안은 아니고, OECD 대부분 국가에서 세율의 차이는 있지만, 재산세, 상속세, 소득세 세 분야에서 집행되고 있는 실정이다. 여기서 피케티 구상과 차이가 나는 것은 누진세율로서 피케티 안이 현행 세율보다 2~3배 이상 높게 책정되어 있다. 피케티가 참여사회주의라는 새로운 이데올로기를 제안하고 헌법개정이나 국제적인 연대를 주장하는 것은 이처럼 높게 책정된 누진세율 때문에 기인한다.

그러나 사유재산권에 근거한 자본주의 시장경제 체제 안에서 피케티의 제안을 수용하기는 어렵다고 본다. 기업가의 이윤추구 본능, 납세자의 조세저항, 조세부담의 적정성, 형평성 등을 고려하여 각국 정부와 기업, 소득수령자 그리고 자산 소유자들이 이해하고 동의하는 수준에서 타협안을 마련할 수밖에 없다.

청년층에 대한 재산형성 지원책 역시 전적으로 동의하기는 어렵다. 청년층에 대한 가장 이상적인 재정지원은 창업지원이라고 보는데, 현실적으로 창업은 새로운 기술과 아이디어가 없이는 불가능하다. 신기술과 유망한 아이디어, 그리고 마케팅이 가능하다면 창업자의 개인 자산이 없어도 얼마든지 창업자금 조달이 가능하기 때문이다. 미국 실리콘밸리나 대부분의 나라에서 금융자본은 넘쳐나고 있으며, 새로운 기업발굴에 혈안이 되어 있는 게 현실이다. 피케티의 정책제안은 현실성이 결여된 것으로 보이나, 향후 특이점 시대에 예상되는 불평등의 심화와 양극화 현상을 해결하는 정책수립의 참고자료로서 유용하다고 본다.

## 기업의 사회적 책임과 ESG

애덤 스미스에게 빵 만드는 공장의 사회적 책임이 무엇인지 질문한다면 아마도 "열심히 좋은 빵을 만들어 많은 사람들이 사 먹을 수 있도록 싸게 파는 것이다."라고 대답하지 않을까 생각해본다. 도덕감정론에 비추어 모범답안을 만든다면 빵 공장 주변 사람들과 공감하면서 열심히 장사하는 것이 사회적 책임을 다 하는 것이다. 애덤 스미스의 전통을 이어받아 밀턴 프리드먼은 기업의 사회적 책임은 기업이윤을 극대화하는 것으로 설명하였다. 그렇게 함으로써 주주에 대한 책임을 다하는 것이며, 불법이나 부정을 저지르지 않는 것이 사회적 책임을 완수하는 것이며, 그 이상의 사회공헌을 요구하는 것은 이윤을 훼손할 수 있고 일자리를 줄어들게 하는 부작용이 생길 수 있다고 피력하였다. 이것이 신자유주의의 CSR(Corporate Social Responsibility)에 대한 견해라고 볼 수 있다.

그러나 1980년대 이후 환경오염, 분식회계, 노사 갈등, 소비자주권 등 기업 관련 사회적 갈등이 심각한 사회문제로 대두하면서 CSR에 대한 새로운 시각이 만들어지고 새로운 접근방안이 구체적으로 태동하기 시작하였다. 학계에서는 피터 드러커, 마이클 포터 등이 CSR 이론 정립에 많은 공헌을 하였다. 피터 드러커는 기업은 '사회적 존재'로서 기업

이익만 추구하고 사회적 공동선을 외면한다면 생존할 수 없으며, 기업은 주주뿐만 아니라 종업원, 소비자, 지역사회 등 광범위한 이해관계자들을 위한 경영이 필요하고, 이를 통해서 지속 가능하며 더 큰 이윤창출이 가능하다고 주장하였다.

하버드대학의 마이클 포터는 CSR이란 사회적 이익과 경제적 이익을 추구하는 가치사슬로 인식하고 기업과 사회 간의 공유된 가치로서 기업의 경영전략 차원에서 수동적 CSR과 전략적 CSR로 분류하여 이론화하였다.

〈표4-3〉 UNGC 10대 원칙

| 인권 | 1: 기업은 국제적으로 선언된 인권보호를 지지하고 존중 |
| | 2: 기업은 인권 침해에 연루되지 않도록 적극 노력 |
| 노동 기준 | 3: 기업은 결사의 자유와 단체교섭권의 실질적 인정을 지지 |
| | 4: 모든 형태의 강제노동을 배제 |
| | 5: 아동 노동을 효율적으로 철폐 |
| | 6: 고용 및 업무에서 차별을 철폐 |
| 환경 | 7: 기업은 환경 문제에 대한 예방적 접근을 지지 |
| | 8: 환경적 책임을 증진하는 조치를 수행 |
| | 9: 환경 친화적 기술의 개발과 확산을 촉진 |
| 반부패 | 10: 기업은 부당취득 및 뇌물 등을 포함하는 모든 형태의 부패에 반대 |

자료: 지속가능 경영 지도사회(2019)

CSR과 관련된 국제기구는 ISO26000, GRI(Global Reporting Initiative), UNGC(UN Global Compact) 등이 있다. ISO26000은 국제표준화기구에서 2004년 개발을 시작하여 개발 6단계에서 발간되었다. 그 목적은 모든 조직의 지속 가능한 발전에 기여할 수 있는 표준을 재정하는 데 있으며, 소비자, 정부, 산업계, 노동계, NGO 등을 대표하는 600여 명의 전문가들이 참여하였다. GRI는 지속가능 보고서 확산을 목적으로 하는 네트워크 기반 비영리 기구로서 UNEP(UN Environment Programme)지원으로 1997년에 설립된 지속가능경영 자문기관이다.

GRI의 지속가능 보고서 가이드라인은 경제, 환경, 사회에 미치는 영향을 평가하여 보고하는 지침서 역할을 하고 있다. UNGC는 1999년 다보스 세계경제포럼에서 제창되어 2000년부터 UN이 주관하여 추진되었다. 창설목적은 UN과 기업이 협조하여 CSR을 이행하는 데 있으며, 인권, 노동, 환경, 반부패에 대한 10대 원칙을 준수하도록 독려하는 데 있다. (<표4-3> 참조)

최근에는 ESG(Environmental, Social and Governance), 즉 환경, 사회적 책임, 지배구조의 관점에서 CSR 문제를 포괄적으로, 그리고 전략적으로 접근하면서 21세기 기업의 미래상에 대하여 해결방안을 모색하고 있다.

ESG 경영은 CES2021에서 주요 테마로 등장하였다. 구글, 페이스북, MS 등 글로벌 IT 기업을 중심으로 ESG 관련 활동이 중점적으로 추진되고 있다. 예를 들어 인권, 지배구조 투명성, 자원절약형 AI, 탄소 제로 에너지 프로젝트, 친환경, 정보 보안, 알고리즘 윤리헌장 등 다양하게 포장되어 ESG 경영이 구체화하고 있다. CSR 영역을 넘어 ESG는 좀 더 현실적인 경영지표로서 투자, 인수의 기준이 되기도 하며 지속가능 경영의 객관적인 평가 자료 역할을 맡게 되었다. 앞으로 'ESG 지수'가 개발되어 기업평가 기준의 하나가 될 것으로 예상된다.

## 공유경제

　공유경제의 기본개념은 재화와 서비스를 소유하지 않고 사용하는 것으로, 소비자가 온라인 플랫폼을 통해서 타인과 자신의 유휴자원을 공유하고 수익을 창출하는 비즈니스 모델이다. 디지털 플랫폼이 유휴자원의 공급과 수요를 연결하기 때문에 거래비용이 저렴하며, 다양한 협력소비 형태와 선택을 가능하게 한다. 공유, 교환, 임대 방식으로 수익을 창출하는 모델이다. 공유경제는 공급 방식의 일대 혁신으로서 유휴 재고자원을 새로운 공급원으로 탈바꿈시켰다.

　공유경제는 무선 인터넷, 모바일 결제와 위치기반 서비스, 클라우드 컴퓨팅 등 첨단 정보통신 기술을 기반으로 발전한 신기술산업 분야이다. 애플이 스마트폰을 출시한 2007년부터 공유경제는 폭발적으로 성장하기 시작하였다. 주거임대 서비스 에어비앤비, 크라우드 펀딩의 퀵 스타터, 차량 공유서비스 우버, 심부름 플랫폼 태스크 래빗, 소셜 다이닝 그

럽위드어스 등 공유경제 스타트업이 매년 빠르게 증가하였다. 공유경제 스타트업은 공급 애로가 심했던 차량과 주거서비스에서 시작하여 최근에는 사무공간, 아이디어, 지식, 금융, 기술, 물류, 교육, 의료, 디자인, 요리, 중고거래 등 다양한 산업과 서비스 분야로 확대되어 발전하고 있다. 특히, 빅데이터와 클라우드 컴퓨팅의 기술발전은 많은 정보를 빨리 처리할 수 있어 공유경제 시장의 대량 거래를 성사시킬 수 있게 하였다.

공유경제의 미래는 무한대의 가능성을 보여줄 것으로 점쳐진다. 지금까지는 한정된 분야에서 B2C, C2C로 발전되어 왔으나, 앞으로는 개인, 기업, 그리고 공공 영역에서 '모든 것을 공유'하는 시대가 될 것으로 예상된다. 공유경제의 사업 분야는 중국의 텐센트 연구원에서 발간한 『공유경제』에 의하면 차량, 공간, 음식, 자본, 중고품 거래, 물류, 기술 및 노동 서비스, 의료, 교육, 1인 미디어 등 10개 업종이 포함되어 있으며, 여기에 부수되는 약 30개 하위 분야가 있다. 미래에는 혁신 창업, 농업, 전력소비, 3D 프린터 등 새로운 분야로 확대할 것으로 본다. 기업 영역에서는 생산 설비, 의료 설비, 건축 설비, 물류 인프라, 마케팅, 특허와 같은 새로운 공유 시장이 개발될 것으로 기대된다.

공공부문에서는 정부 조달, 공공 자원, 공공 설비와 함께 공유 도시까지 발전되고 있다. 공유 도시는 교통, 숙박, 개인 자신 및 지식 등 공유하기 위한 네트워크를 만들고 기존 공공시설과 개인 유휴자원의 이용률을 높이자는 시도로서, 스마트 도시 건설과 병행하여 추진되고 있다. 영국에서는 이미 리즈, 맨체스터, 런던에서 시도되고 있으며, 미국은 2013년 공유 도시건설 계획을 발의하여 추진 중에 있다.

공유경제가 활성화된 배경의 하나로 후기 산업사회의 자원부족을 꼽고 있다. 여기서 자원은 천연자원뿐만 아니라 일반 공산품도 포함된다. 예를 들어, 중국이나 인도와 같은 인구 대국에서 가구당 자동차 보급률을 올리는 것은 엄청난 물자를 소요할 것이며, 환경오염과 교통혼잡, 그리고 에너지 소비까지 고려한다면 지구촌의 재앙이 될 수도 있다. 이런 상황에 처해서 차량의 공유제가 도입된다면 그 경제적 효과는 실로 막대할 것으로 추정된다. 중국이 공유경제의 개발에 선두주자가 된 것은 이런 사정이 있어서 이다. 차량뿐만이 아니라 주거, 교육, 지식 확산, 자금, 생산설비 등 여러 분야에서 공유경제는 자원부족 문제를 해결하는 데 크게 공헌할 것으로 기대된다. 그리고 기업의 유휴재고와 유휴설비, 개인 소유의 유휴자금, 유휴재화, 유휴시간 등과 같은 경제적 잉여재화와 서비스를 최소한의 거래비용을 들여 수요처와 연결하는 것은 자원이용의 효율성을 높이게 된다.

최근 공유경제는 차량과 주거부문에서 시작하여 교육, 건강, 식품, 물류창고, 서비스, 생산설비, R&D 공간, 금융, 도시건설 등 여러 분야로 퍼졌다. 특히 미국과 중국에서 다양한 스타트업이 출범하면서 막대한 일자리를 만들어 내었다. 미국과 중국의 공유경제 시장규모는 약 일천억 불로 추정되고 있으며, 중국통계 자료에 의하면 공유경제와 관련해서 등록된 일자리는 3,000만 개가 넘는다고 한다.

미국에서 공유경제 스타트업이 폭발적으로 성장한 2000~2015년 기간에 총투자액은 270억 달러에 달했다고 하니 미국에서도 많은 일자리가 창출된 셈이다.

소유하지 않고 사용하며, 유휴자원은 낭비라고 보는 공유경제는 '신소비' 개념을 만들었으며, 1인당 소비를 최소화하는 계기가 되었다. 신소비 개념은 단순히 간소하게 생활하는 '미니멀 라이프'와도 유사한 것이다. 신소비 행태는 잉여가치와 물건의 쓰임새를 최대한 활용함으로써, 또 자원절약과 동시에 환경보호를 실천하게 됨으로써 지속가능 경제의 발판을 마련하게 되었다. 에너지를 포함한 자원의 소비를 줄여서 자원을 보존하고 폐기물과 환경오염원 배출량을 줄일 수 있게 한다. 예를 들어, 중고품 거래는 미국 온라인 쇼핑 시장의 10%를 차지하며 중국에서는 온라인 중고품 거래가 하루 20만 건에 이른다고 한다. 폐기 처리될 유휴물품들이 재활용되어 폐기물은 줄이고, 자원 활용도는 높여 주었다. 우버의 카풀 서비스는 교통체증과 탄소 배출량을 현저히 감소하게 하였다. 에어비앤비의 환경 보고서

에 의하면 에어비앤비 숙박을 이용함으로써 온실가
스 배출량이 유럽과 미국에서 상당량 감소한 효과
가 있었다고 한다. 또한, 자전거, 전기 자동차와 같
은 무공해 차량 수단의 공유경제 스타트업은 친환
경 산업의 발전을 촉진하게 하였다.

# 에필로그

　　　　　　 20세기가 저물면서 베를린 장벽이 무너져 독일이 통일되고 구소련 연방이 해체되었다. 미국은 정보통신분야의 기술혁신으로 신경제를 누리면서 90년대에 장기호황 경제를 구현하였다. 세계는 호경기와 평화 무드에 젖어 희망의 21세기와 새로운 밀레니엄을 기대하는 미래에 대한 낙관론이 팽배하였었다. 그러나 예상과 다르게 21세기는 패닉으로 출발하였다. 2001년 미국은 재난의 진원지가 되었다. 911테러, 끝날 줄 모르는 중동분쟁, 나스닥의 닷컴 버블 붕괴, 이어서 2007년 서브프라임 위기로 인한 금융불황 등 일련의 사건들은 21세기를 맞는 지구촌 인류에게 불안과 공포를 심어주기에 충분하였다. 정치와 경제 분야의 난국에, 설상가상으로 기후변화에 따른 자연재해와 새로운 바이러스 전염병의 만연은 미래에 대한 불안과 불확실성을 가중시켰다. 21세기 인류의 시계는 몇 년, 몇십 년 앞도 내다볼 수 없게 흐릿해져 불안하다. 자연재해로 인한 천재지변, 전쟁과 질병은 예측할 수 없고 피할 수도 없다. 그러나 21세기 인류 미래를 점쳐보면 몇 가지는 확실하게 예측할 수 있다. 1부에서 검토된 학자들의 담론을 종합하여 요약한 것이다.

**특이점:** 2050년 전후 인류는 20세기와는 판이한 세상, 특이점 시대가 열린다. 초지능, 생명공학, 나노기술 등 기술혁신이 가져올 산업사회에서 인류는 말 그대로 특이한 문화, 문명을 누리게 될 것이다.

**그린에너지:** 기후변화에 따른 자연재해는 신재생에너지로 에너지원을 재편하면서 화석연료를 사용하는 재래의 내연기관, 화력발전, 공장 동력은 지구상에서 자취를 감추게 된다. 태양에너지는 미래의 무한한 에너지원이 될 수도 있다.

**신경제:** 21세기 경제는 1990년대 미국의 신경제와 같이 단기 경기순환과 인플레이션이 없는 장기호황이 지속되는 21세기형 신경제가 예상된다. 인공지능과 로봇공학은 단순노동과 일부 기능직 일자리를 뺏어가 많은 실업이 유발되리라 예상되지만, 인구감소에 따라서 노동공급이 줄어들고, 4차 산업혁명의 신기술산업 분야에서 새로운 일자리가 많이 만들어진다. 그러나 새로운 일자리는 신기술과 지식으로 무장된

지적 인력이 필요한 부분이다.

**격 차:** 장기호황이 지속되고 일자리 애로 요인도 어느 정도 해소되리라 보지만, 경제의 가장 아픈 부분은 격차, 즉 양극화 문제이다. 인공지능과 지식이 지배하는 특이점 시대에서 지식의 격차, 정보의 격차, 소득의 격차는 더욱 심화할 것이다. 절대 빈곤층을 포함한 하위 소득계층, 그리고 창업과 취업을 준비 중인 청년층에 대한 기본소득과 지원금 정책은 경제 분야의 가장 뜨거운 정책과제가 된다.

**장수의 축복:** 특이점과 함께 건강하고 부유한 100세 시대가 열린다. 100세 시대는 노년의 시간이 연장되는 게 아니고, 일하고 창업하는 시간이 길어지게 된다. 특이점 시대의 변화에 준비하고 적응하는 사람에게는 장수가 축복이 된다. 어쩌면 영원히 안락한 삶을 누리는 사이버 인간이 탄생할 수도 있다.

이제 특이점 시대에서 부자나라가 되는 신국부론의 비방을 알아보자. 부자나라가 되려면 경제주체인 가계와 기업이 번창하고, 정부는 가계와 기업이 자유롭게 활동하는 무대를 만들어 주어야 한다. 국부의 원천은 지식자본, 인적자본, 그리고 사회적자본이며 이러한 무형 자산을 확충하는 것이 국부 축적의 핵심이 되고 전략이 된다. 그리고 무형자산을 확충하는 길은 교육으로써 특이점 시대에 걸맞은 정규 교육과 비정규 교육의 파격적인 변화와 혁신이 선행되어야 한다.

17~20세기 기간에는 노동집약적 산업과 자본집약적 산업이 국부축적의 견인차 역할을 하였다. 이 시기는 앨프레드 마셜의 세계로 불린다. 다수의 생산자가 시장에 참여하여 경쟁하면서 정상이윤을 취하는 예측이 가능한 시장환경이 조성되었다. 기업은 생산관리를 통하여 제조원가를 최대한 줄여서 이윤을 극대화하는 최적화 논리가 기업경영의 패러다임이 되었다. 기업은 수직적 조직에서 위계적으로 신중하게 의사결정이 이루어지고 시간에 연연하지 않는다. 가격은 경쟁시장에서 결정되어 주어지기 때문에 비용의 최소화가 기업전략의 핵심이다.

지식집약적 산업이 주축을 이루는 21세기 신경제는 마셜의 경제논리가 통용되지 않는 새로운 기업생태계가 만들어진다. 지식산업은 기술우위의 소수 기업들이 시장을 지배하는 독과점 산업조직을 형성하면서 승자독식과 약육강식의 세상이 만들어졌다. 기업들이 예측 불가능한 불완전 경쟁시장에서 살아남기 위한 경영전략은 경쟁자보다 빨리 신제품을 출하하여 시장을 선점하고 시장점유율을 높여 시장 지배자가 되는 것이다. 이렇게 얻어진 독과점 이윤은 막대한 R&D 예산의 재원이 되어 신제품 개발에 투입된다. 끊임없는 신제품 개발과 시장지배력이 기업전략의 핵심 목표이다. 의사결정은 속도의 전쟁이 되면서 기업조직은 수평적으로 개편된다.

4차 산업혁명의 신기술은 많은 새로운 산업을 창출하였다. 빅데이터, 인공지능, 클라우드, 사물인터넷, 모바일, 드론, 자율자동차, 3D 프린팅, 로봇공학, 가상·증강현실, 블록체인, 재생에너지, 생명공학, 나노기술 등은 20세기에 경험하지 못한 신산업의 길을 열어놓았다. 이러한 신기술 산업들은 새로운 노동력을 필요로 한다. 신기술과 지식으로 무장한 노동력이다. 단순노동, 반숙련 노동, 숙련노동 상당 부분이 인공지능과 로봇으로 대체된다. 신산업의 노동수요는 지식 근로자에 한정되면서 신산업사회는 격차문제를 더욱 심화시킨다. 특이점 디바이드는 디지털 디바이드의 폭을 더욱 벌어지게 한다. 특이점 시대에 적응하지 못한 노동인력들의 실업군이 만들어진다.

격차문제는 특이점 시대에 부상하는 중요한 정책과제이다. 소득분배의 불평등, 그리고 정보와 지식의 격차가 양극화 갈등의 핵심이다. 이 문제를 해결하는 특이점 경제정책의 패러다임으로 '인간적 시장경제'와 '지속가능 경제'가 제시되었다. 오래전부터 우리에게 친숙한 용어이다. 진리는 먼 데 있지 않고, 가까운 등잔 밑에 있음을 상기시키는 대목이다.

인간적 시장경제는 이미 1997년 개최되었던 UN 세미나의 주제이다. 그러나 이 의제가 진부하게 느껴지지 않고 생소하게 들리는 까닭은 아직도 현실 세계에서 실현되지 않은 테마이기 때문이 아닐까? 인간적 시장경제는 근본적으로 시장기구는 많은 불평등과 불균등, 그리고 불공정을 야기할 수 있으며, 이러한 문제점들을 스스로 치유할 수 없다고 보고 있다. 시장은 사적 소유권과 생산 및 재화, 서비스의 분배를 자유롭게 행할 수 있는 자유에 기반한 사회적 계약으로 정의하고 있으며 시장의 기능을 '인간의 복지'라는 관점에서 평가하고 있다. 인간적 시장의 특징을 경제적 참여, 경제적 정의, 경제적 도덕, 그리고 경제적 중용으로 설명하고 있다.

경제적 참여는 시장이 중요한 수준까지 시장참여를 보장하며 최대한 많은 사람들에게 경제적 기회를 제공하는 것을 말한다. 경제적 정의는 경제행위에 대하여 정당한 보상을 하고, 착취나 과도하게 왜곡된 소득 및 부의 분배가 없는 형평성을 뜻한다. 경제적 도덕은 경쟁이 공정하고, 계약이 존중되는 윤리적 원칙이 지배하는 시장이다. 경제적 중용은 시장의 가치를 경제적인 거래에만 적용하고 인간의 삶과 다른 영역에 침투해서는 안 되며, 시장의 힘이 너무 강화되지 않는 인간적 사회의 일부가 되어야 한다고 본다.

인간적 시장과 인간적 사회는 단지 시장의 기능과 확대를 도와주는 역할에 그치는 '최소한의 정부', 즉 '작은 정부'가 아니라 공공재 및 시민의 복지와 행복을 지켜주는 '인간적인 정부', 즉 '큰 정부'가 되어야 한다. 그리고 인간적 정부는 경제와 사회의 자연적 발전으로 인한 부작용과 발전의 속도를 조절하기 위하여 노력해야 한다. 인간적 시장을 구현하기 위한 구체적인 정책은 각 나라가 처한 상황, 즉 소득수준, 교육기반, 문화, 자연환경에 따라서 다양하게 처방할 수 있다. 가장 근본적인 해결책은 인적자본에 대한 투자로서 모든 사람을 위한 평생교육, 그리고 특별한 필요가 있는 집단을 위한 교육을 제시하고 있으며, 교육에는 공공부문의 참여가 필요하다고 보았다.

지속가능 경제는 기후변화로 인한 자연재해와 관련해서 거론되었던 패러다임이다. 그러나 최근에는 소득과 소유자산의 불평등, 그리고 기업의 사회적 책임이 핵심 테마로 부상되었다. 근로자와 기업소유주 간의 갈등, 소득 계층 간의 갈등은 사회불안과 시장의 존립을 위태롭게 하여 지속불가능 경제를 초래하기 때문이다. 인간적 시장경제에서도 핵심 주제는 시장에서 유발된 불평등의 치유에 있었다. 이 문제는 근세부터 지금까지, 또 앞으로도 계속 논의하고 연구할 분야이다. 모범답안이 아직까지 없다는 증거이기도 하다.

이 어려운 문제에 대하여 피케티는 흥미로운 해결책을 제시하고 있다. '참여사회주의'로 요약되는 피케티의 처방은 그가 역사적 분석에서 얻은 두 가지 결론에 근거하고 있다. 첫째, '평등과 교육을 위한 투쟁이 경제발전과 인류진보를 가능'케 했으며, 둘째, '불평등이 경제적이고 기술공학적인 것이 아니라 이데올로기적이고 정치적인 것'으로 보고 '불평등을 자연화하고 대안 자체를 부인하려는 모든 담론을 경계'해야 한다고 했다. 피케티가 제시한 대안이 바로 '참여사회주의'라는 이데올로기이다.

참여사회주의는 사회적 소유와 기업 내 의결권의 분유라는 새로운 소유체제와 교육, 지식 및 권력의 분유에 근간을 두고 있다. 사회적 소유란 누진세 3종 세트, 즉 보유세, 소득세, 상속세의 누진율을 높이고, 기본소득 정책을 강화하여 자산의 영구적 소유를 차단하고 일시적 소유로 대체한다는 개념이다. 기업 의결권의 분유는 근로자의 경영 참여를 강화하는 방안이다. 누진세나 근로자의 경영 참여는 부분적으로 이미 시행되고 있다. 피케티가 주장하는 것은 헌법개정과 국제적 공조가 필요한 수준까지 강화하여 사적 소유제의 자본주의가 아닌, 사회적 소유의 참여사회주의를 이상적인 이데올로기로 제시한 것이다. 다음으로 피케티는 교육 정의를 참여사회주의의 두 번째 근간으로 꼽고 있다. 정의로운 사회는 지식 확산과 교육을 통해서 구현되며 역사직으로 경제 발전과 인간 진보를 가능케 하며, 교육 정의는 모든 소득계층의 사람들이 평등하게 필요에 의해서 교육기회를 얻을 수 있는 제도에서 실현된다고 보았다.

피케티의 담론을 에필로그에서 재차 소개한 것은 그의 견해에 동조해서가 아니고 특이점 시대의 격차문제를 해결하는 정책방안의 참고 자료로서 유익하다고 보아서이다. 어느 정부에서도 헌법을 개정하고 초민족적 사회연방주의와 사회적 소유를 표방하면서 피케티의 처방을 수용하리라 기대하지 않는다. 불평등을 치유하는 이상론일 뿐이다. 그러나 필자는 그의 낙관적인 이상을 크게 사고 싶다.

근세는 신과 종교의 세계에서 자연과 인간의 세계로 돌아오면서 시작되었다. 인간의 이성, 합리성, 지성, 일상의 행복, 희망에 찬 미래, 자연법, 교육의 중요성 등 이와 같은 사유와 개념들이 근세의 문을 열게 한 '계몽주의' 사상이었다. 특이점 시대에서 인류의 신세계는 어떤 모습일까? 방관하고 예측하기보다는 모두가 행복한 이상사회를 주체적으로 만들어야 한다. 이상과 지식, 휴머니즘, 그리고 교육이 그리는 낙관적 미래상을 필자는 '신계몽주의'로 칭하고 싶다. 특이점 시대의 문을 열기 위한 '신계몽주의' 기치를 높게 들면서 미래 우주 세계에서 영생하는 사이보그 인간을 그려본다.

# 참고문헌

## 1부

- Yakovets, Y.V.,"Scientific and Technical Cycles; Analysis and Forecasting of Technological Cycles and Upheavals", Economics of Technology, pp.397~409

- 도넬라 H. 메도즈, 데니스 L. 메도즈, 『성장의 한계』, 갈라파고스, 2012

- 산업연구원, 『21세기 경제』, 1998

- 유발 하라리, 조현욱 역, 『사피엔스』, 김영사, 2015

    전병근 역, 『21세기를 위한 21가지 제언』, 김영사, 2020

    김명주 역, 『호머 데우스』, 김영사, 2020

- 닉 보스트롬, 조성진 역, 『슈퍼 인텔리전스』, 까치, 2017

- 레이 커즈와일, 김명남 역,『 특이점이 온다』, 김영사, 2017

- 다니엘 코엔, 이성재 역, 『악의 번영』, 글항아리, 2010

- 재레드 다이아몬드, 김진준 역, 『총, 균, 쇠』, 문학사상, 2005

- 린다 그래튼, 앤드루 스콧, 안세연 역, 『100세 인생』, 클, 2017

- 오노 가즈모토, 정현옥 역, 『초예측』, 웅진 지식하우스, 2018

- 롤랜드 버리, 김정희 역, 『4차 산업혁명』, 다산북스, 2018

- 보스턴 컨설팅 그룹, 『4차 산업혁명 6개의 미래지도』, 북새통, 토트 출판사, 2018

- 김인철 외, 『4차 산업혁명 핵심기술과 기업 활용에 관한 연구』, 산업연구원, 2019

- 오강선, 『디지털 혁명 사용설명서』, 클라우드나인, 2019

- 최재붕, 『포노 사피엔스』, 쌤앤파커스, 2019

- 다나카 미치아키, 류두진 역, 『아마존 미래전략 2022』, 반디, 2018

- 윤준탁, 『디지털 경제』, 와이드맵, 2020

# 2부

- Kontratief, N.D., Long Cycles of Conjecture; Papers and their Discussion at the Institute of Economics, Moscow, 1028

- 최종기 외, 「과학혁명」, 학습 리포트, 2016

- 김강훈 외, 「인공지능과 산업 이용 사례」, 학습 리포트, 2016

- 「인공지능과 4차 산업혁명」, http;//www.snek.ai/alpha/article/107307

- 「대한민국 IT 포털의 중심」, http;//www.etnews.com/200607270018

- 김명자, 『산업혁명으로 세계사를 읽다』, 까치, 2019

- 이선, 「창조경제 특강」, 인터넷 매일경제, 2014

- 이정임, 『100대 과학사건』, 학민사, 2013

- 송진웅 외 4인, 『과학의 역사적 이해』, 대구대학교 출판부, 1998

- 장 피에르 랑탱, 『과학의 숨겨진 이야기』, 문예출판사, 2000

- 조 허드슨 타이너, 『어둠과 무지를 몰아낸 백명의 과학자』, 미토, 2003

# 3부

- 애덤 스미스, 김수행 역, 『국부론』상, 비봉출판사, 2003

- 『국부론』하, 비봉출판사, 2007

- 박세일 역, 『도덕 감정론』, 비봉출판사, 2009

- 서정익, 『세계경제사』, 혜안, 2005

- 로저 백하우스, 김현구 역, 『경제학의 역사』, 시아, 2003

- 손기화, 남기영, 『만화 국부론』, 김영사, 2010

- 토드 부크홀츠, 유현 역, 『죽은 경제학자의 살아있는 아이디어』, 김영사, 2009

- Marshall, A., 『Principles of Economics』, Macmillan, 1890

- Mill, J.S., 『Principle of Political Economy』, A.M.Kelly, 1965

- Smith, A., 『An Inquiry into the Nature and Causes of the Wealth of Nations』, Clarendon Press, 1976

- 심선아 외, 「아담스미스의 도덕감정론」, 학습 리포트, 2015

# 4부

- 장삼경, 배기형 역, 『창의 경제학』, 피앤씨미디어, 2016

- 도미니크 프레이, 『지식경제학』, 한울, 2003

- 데이비드 워시, 『지식경제학 미스터리』, 김영사, 2008

- 데이비드 케플런, 『실리콘밸리 스토리』, 동방미디어, 2000

- 존 호킨스, 『창조경제』, 에프케이아이 미디어, 2013

- 프랜시스 후쿠야마, 『트러스트』, 한국경제신문사, 1996

- 『대붕괴 신질서』, 한국경제신문사, 2001

- Arthur, W. B., 'Increasing Returns and The New world of Business', Harvard Business Review, 1996

- Becher, G. S., 『Human Capital』, U. of Chicago press, 1995

- Romer, P. M., 'Increasing Returns and Long-run growth', J. of Political Economy, Oct, 1986, pp.1002~1037

  'Growth Based on Increasing Returns Due to Specialization', American Economic Review, May, 1987, pp. 56~62

  Endogenous Technological Change', J. of Political Economy, 1990, pp.71~102

  'The Origins of Endogenous Growth', J. of Econ. Perspectives, Winter, 1994, pp.3~22

- Lucas, R.E., 『On the Mechanics of Economic Development』, J. of Monetary Economics, vol. 22, 1988, pp.3~42

- Schumpeter J., 『Capitalism, Socialism and Democracy』, Harper Brothers, 1942

- Solow, R.M., 『A contribution to the Theory of Economic Growth』, Quarterly of Economics, 1956, pp.65~94

- 'Technical Change and the Aggregate Production Function', Review of Economics and Statistics, 1957, pp.312~320

- Young, A., 'Increasing Returns Economic Progress', The Economic Journal, Dec.1928, pp.527~542

- 류태호, 『4차산업혁명: 교육이 희망이다』, 경희대, 2017

- 이선, 『J노믹스 특강』, 인터넷 매일경제, 2017

  『지식기반 경제의 이론과 실제』, 산업연구원, 2000

  『창조적 지식국가론』, 산업연구원, 2000

  『민주주의와 시장경제』, 산업연구원, 2000

- 장하준, 『나쁜 사마리아인들』, 부키, 2009

- 토마 피케티, 장경덕 역, 『21세기 자본』, 글항아리, 2014

  안준범 역, 『자본과 이데올로기』, 문학동네, 2020

- UN, 『사회진보의 조건: 인간적 사회를 위한 인간적 시장』, 정책자료, 산업
  연구원, 2002

- 마화텅, 양성희 역, 『공유경제』, 열린책들, 2020

- 이광영, 「프란시스 후쿠야마의 트러스트」, 학습리포터, 2015

- 박현영 외, 「게리 베커의 인적자본론」, 학습리포터, 2015

- (사)지속가능 경영지도사회, 『지속가능 경영컨설턴트』, 2019

# 신국부론

**펴 낸 날**  2021년 10월 10일

**지 은 이**  이선, 박권
**펴 낸 이**  이기성
**편집팀장**  이윤숙
**기획편집**  윤가영, 이지희, 서해주
**표지디자인**  윤가영
**책임마케팅**  강보현, 김성욱
**펴 낸 곳**  도서출판 생각나눔
**출판등록**  제 2018-000288호
**주    소**  서울 잔다리로7안길 22, 태성빌딩 3층
**전    화**  02-325-5100
**팩    스**  02-325-5101
**홈페이지**  www.생각나눔.kr
**이 메 일**  bookmain@think-book.com

• 책값은 표지 뒷면에 표기되어 있습니다.
  ISBN    979-11-7048-291-8(03320)

• 이 도서의 국립중앙도서관 출판 시 도서목록(CIP)은 서지정보유통지원시스템 홈페이지(http://seoji.nl.go.
  kr)와 국가자료공동목록시스템(http://www.nl.go.kr/kolisnet)에서 이용하실 수 있습니다